ELOGIOS PARA *SEJA UM ANALISTA DE DADOS*

"Uma leitura obrigatória para qualquer pessoa que queira aproveitar o poder dos dados. *Seja um Analista de Dados* se destaca como um guia acessível que capacita os leitores a desbloquear o potencial escondido em seus dados, impulsionando a inovação e o crescimento em qualquer campo."

Bernard Marr, fundador e CEO da Bernard Marr & Co

"A paixão e o entusiasmo de Jordan Morrow pelos dados são evidentes. A divisão da análise em quatro níveis acessíveis significa que este livro é para todos. Seus exemplos e suas analogias com a vida real deixam clara a importância de compreender e de implementar uma boa análise."

Susan Walsh, fundadora e diretora executiva da The Classification Guru

"Este livro oferece uma ótima estrutura para a tomada de decisões baseadas em dados nas organizações. Ao enquadrar as implementações analíticas progressivamente por meio dos quatro níveis de análise, *Seja um Analista de Dados* se torna fácil de seguir como um guia de dados analíticos. Em cada estágio, o livro aborda as principais definições, as funções dos diferentes participantes da empresa, vários exemplos de negócios e sugestões de estratégias para realizar o trabalho de análise."

Kirk Borne, fundador do Data Leadership Group

"*Seja um Analista de Dados* é um livro sobre liderar, tomar decisões, permanecer à frente e ter seus próprios sistemas integrados. Um perfeito contador de histórias, Jordan Morrow fala para aqueles que conhecem esse espaço e para aqueles que talvez precisem conhecê-lo. O ambiente de dados mudou para sempre, e a complexidade e o desafio para os líderes significam que o manual que costumávamos seguir e nossos quadros de referência anteriores são redundantes. Novas formas de pensar e de melhorar a tomada de decisões são, portanto, vitais."

Mike Roe, CEO da Tensense.AI

"A análise de dados é um aspecto crucial da tomada de decisões no cenário empresarial moderno, e este livro oferece um guia detalhado para a compreensão de suas nuances. A experiência e a paixão do autor pelo assunto estão presentes em todos os capítulos, tornando este livro uma leitura obrigatória para qualquer pessoa que queira melhorar seu aprendizado em dados e suas habilidades de tomada de decisão. Recomendo fortemente este livro a qualquer pessoa que pretenda desbloquear o poder da análise de dados em sua organização."

Esther Munyi, CDO e CAO da Sasfin

SEJA UM ANALISTA DE DADOS

COMO USAR A ANÁLISE PARA TRANSFORMAR DADOS EM VALOR

Seja um analista de dados

ISBN: 978-85-508-2260-0

Translated from original Be Data Analytical. Copyright © 2023 by Jordan Morrow. ISBN 978-1-3986-0928-0. This translation of Be Data Analytical is published by arrangement with Kogan Page, the owner of all rights to publish and sell the same. BRAZILIAN edition published by Alta Books, Copyright © 2024 by STARLIN ALTA EDITORA E CONSULTORIA LTDA.

Impresso no Brasil — 1ª Edição, 2024 — Edição revisada conforme o Acordo Ortográfico da Língua Portuguesa de 2009.

Dados Internacionais de Catalogação na Publicação (CIP)
(Câmara Brasileira do Livro, SP, Brasil)

Morrow, Jordan
Seja um analista de dados: como usar a análise para transformar dados em valor / Jordan Morrow. -- Rio de Janeiro : Alta Books, 2024.

ISBN 978-85-508-2260-0

1. Administração 2. Dados - Análise 3. Tomada de decisão (Administração) 4. Vendas - Administração I. Título.

24-196682 CDD-658

Índices para catálogo sistemático:

1. Administração 658

Eliane de Freitas Leite - Bibliotecária - CRB 8/8415

Grupo Editorial Alta Books

Produção Editorial: Grupo Editorial Alta Books
Diretor Editorial: Anderson Vieira
Editor da Obra: José Ruggeri
Vendas Governamentais: Cristiane Mutüs
Gerência Comercial: Claudio Lima
Gerência Marketing: Andréa Guatiello

Produtor Editorial: Andreza Moraes; Viviane Corrêa
Tradução: Thaís Cotts
Copidesque: Alessandro Thomé
Revisão: Fernanda Lutfi; Natália Pacheco
Diagramação: Celeste Ribeiro

ALTA BOOKS
GRUPO EDITORIAL

Rua Viúva Cláudio, 291 — Bairro Industrial do Jacaré
CEP: 20.970-031 — Rio de Janeiro (RJ)
Tels.: (21) 3278-8069 / 3278-8419
www.altabooks.com.br — altabooks@altabooks.com.br
Ouvidoria: ouvidoria@altabooks.com.br

Editora **afiliada à:**

SEJA UM ANALISTA DE DADOS

COMO USAR A ANÁLISE PARA TRANSFORMAR DADOS EM VALOR

JORDAN MORROW

ALTA BOOKS
GRUPO EDITORIAL
Rio de Janeiro, 2024

Para minha linda esposa e meus filhos maravilhosos. Sem seu apoio em minha louca jornada na alfabetização de dados, este livro não estaria aqui hoje. Obrigado por tudo que vocês fazem para apoiar este grande nerd.

SUMÁRIO

SOBRE O AUTOR

Jordan Morrow ama o mundo dos dados e da análise, e anteriormente publicou dois livros sobre o assunto: *Be Data Literate* e *Be Data Driven*. Jordan é vice-presidente e chefe de dados e análise da BrainStorm. Além disso, atuou como presidente do conselho executivo do Data Literacy Project. É uma voz ativa na comunidade de dados e análise. Jordan é o pai orgulhoso de cinco crianças maravilhosas e marido de uma mulher linda, poderosa e bem-sucedida. É um viciado em atividades físicas que adora fazer exercícios e correu em várias ultramaratonas. Ama desafios e impulsionar a si mesmo. Embora dados e análise sejam sua paixão absoluta, o tempo com sua família vem em primeiro lugar.

AGRADECIMENTOS

Aos muitos colegas e amigos que apoiaram minha carreira em dados e análise. Tenho muitos agradecimentos a fazer e provavelmente perderia um ou dois se listasse todos eles. Sei que uma declaração geral pode não parecer tão poderosa, mas a todos que me ajudaram ao longo de minha carreira, obrigado. Espero que todos sintam a gratidão que tenho pelo que fizeram por mim. Uma jornada como a que tive com a alfabetização de dados e ao escrever livros não teria sido tão bem-sucedida se eu estivesse sozinho. Que jornada tem sido essa! Continuarei percorrendo-a e espero por mais sucesso.

PREFÁCIO

O mundo dos dados e da análise veio para ficar, mas você sabia que existem quatro níveis de análise? Você sabe qual é seu lugar no mundo dos dados e da análise? Tem medo de ter de se tornar tecnicamente seguro e se preparar para ser um profissional avançado de dados e análise? Este livro ajudará o leitor a entender melhor esses níveis de análise. Reserve um tempo para entender onde você se encaixa nesses níveis e encontre maneiras de aprimorar seu conhecimento. Junto deste livro, você pode ler os outros dois do autor: *Be Data Literate* e *Be Data Driven* [ambos sem publicação no Brasil]. Embora não seja necessário ler os três, juntos eles ajudam a construir uma base poderosa de dados e análise para qualquer leitor. Entre nessa e aprenda hoje mesmo.

Introdução

Em meu primeiro livro, *Be Data Literate: The data literacy skills everyone needs to succeed* [sem publicação no Brasil], tratei do mundo da alfabetização em dados. Nele, abordei vários tópicos, um dos quais é a premissa deste livro, porém falarei mais sobre isso daqui a pouco. A alfabetização em dados é uma das ferramentas mais importantes e poderosas no campo dos dados e da análise. Meu primeiro livro se concentrou mais no lado individual dos dados e da análise, o que, quando se pensa em alfabetização de dados e em aprendizado, faz sentido para o indivíduo, mas a alfabetização de dados pode ser algo holístico para uma organização.

Meu segundo livro, *Be Data Driven: How organizations can harness the true power of data* [sem publicação no Brasil], aborda, como você adivinhou, ser orientado por dados. Esse livro se concentrou em liderar uma organização baseada em dados, mais voltado para líderes, contudo é um livro poderoso para todos no mundo dos dados e da análise ou para quem deseja fazer parte de uma organização baseada em dados.

Este meu terceiro livro, *Seja um Analista de Dados: Como usar a análise para transformar dados em valor*, concentra-se no ponto mencionado no parágrafo anterior: uma seção de meu primeiro livro que tratava dos quatro níveis de análise. Neste livro, quero ajudar a esclarecer o mundo da análise. Não criarei fórmulas para você, e não o ensinarei a programar, mas procurarei ajudá-lo a entender os quatro níveis de análise, como você pode melhorar nesses níveis de análise e muito mais.

Por meio desses três livros, você agora tem uma sequência de aprendizados sobre alfabetização em dados, orientação por dados e análise. Na Introdução, começaremos a falar sobre os quatro níveis de análise por meio de uma analogia que uso em palestras.

A ANALOGIA DO MÉDICO

Para começar, vamos nomear os quatro níveis de análise:

- Descritivo
- Diagnóstico
- Preditivo
- Prescritivo

Aqui estão os quatro níveis de análise. Para ajudar a esclarecê-los, utilizarei uma analogia que tenho usado em minhas palestras há um bom tempo. Para começar, isso não parecerá divertido, mas você entenderá.

Quero que você imagine que está doente. Está vendo, não é tão divertido, certo? Agora imagine que está doente e liga imediatamente para o consultório médico a fim de marcar uma consulta. O dia chega, e você está sentado no consultório, quando o médico entra na sala, olha para você, vê, ouve ou lê seus sintomas e diz que você está doente. Talvez ele até o diga com entusiasmo. Em seguida, o médico sai da sala e nunca mais volta. Você gostaria de ver esse médico novamente? Presumo que a resposta seja não. Você se beneficiaria mais do diagnóstico feito por um bom médico. Esse médico foi capaz de descrever que você está doente, mas só isso. Você consegue adivinhar o que esse médico fez? Ele fez uma análise descritiva, descreveu o que estava acontecendo. Você acha que isso acontece no mundo dos negócios? A resposta, com certeza, é sim!

No mundo dos negócios, vemos visualizações de dados com frequência, vemos números, temos dashboards, nossas métricas favoritas, KPIs (indicadores-chave de desempenho), mas adivinhe onde a maioria das empresas está presa? Na análise descritiva! As empresas lidam com muitos números e dados, mas descrever o que está acontecendo é apenas uma descrição. Precisamos ir além disso. Assim como queremos que um médico não apenas nos diga que estamos doentes, queremos que ele nos diga por que estamos doentes. Nos negócios, podemos ver os gráficos e as tabelas, podemos ver números e compará-los com outros números, mas isso não nos diz por que algo está ocorrendo. Precisamos fazer melhor.

Agora quero que imagine o médico permanecendo na sala e dizendo que você está doente — aqui está o motivo. Esse médico já o diagnosticou. Nos negócios e na análise, é a mesma coisa. Não quero apenas ver alguns números, quero que os funcionários se apropriem desses números e sejam capazes de me dizer por que eles têm a aparência que têm. Quero que diagnostiquem por que algo está ocorrendo. Por exemplo, se tivermos um gráfico de linhas ou algo que esteja indo em determinada direção, posso dizer que o número está subindo, mas quero saber por que está subindo. Com a compreensão do porquê por trás das coisas, podemos tomar decisões ou obter algumas soluções possíveis.

> Um aviso: os médicos sempre acertam nossos diagnósticos? Não, e a mesma coisa pode acontecer com os dados e a análise. Mas, voltando à nossa história.

Com a descrição de que estamos doentes e um diagnóstico sobre o porquê estamos doentes, queremos usar as informações para fazer previsões. Estamos no terceiro nível da análise. Se soubermos por que estamos doentes, o médico poderá nos dizer o que fazer para melhorar. "Se você fizer A, B e C, então X, Y e Z podem acontecer." A mesma coisa pode acontecer nos negócios. "Estamos vendo A, B e C, portanto, se fizermos D, E e F, então G, H e I podem acontecer." A mesma ressalva se aplica: só porque temos um diagnóstico, não significa que a previsão será perfeita, mas podemos agir e seguir em frente.

Por fim, às vezes um médico nos dá uma receita para nos ajudar com nossa doença ou enfermidade. Esse é o quarto nível de análise. Nesse caso, podemos pensar em uma análise prescritiva como algo externo que nos diz o que fazer, como aprendizado de máquina ou inteligência artificial. Temos algo externo, como um medicamento quando estamos doentes, ajudando a nos impulsionar para o progresso. Portanto, uma análise prescritiva.

Tudo bem, simplifiquei um pouco as coisas aqui, mas espero que a mensagem holística esteja sendo transmitida por completo. Ao longo deste livro, é claro que abordaremos essas áreas de forma mais profunda e eficaz. Se eu não o fizesse, este seria um livro muito curto. Mas, por favor, entenda essa abordagem holística da análise para compreender os quatro níveis; agora provavelmente você consegue ver de modo mais eficaz como eles funcionam juntos.

Uma observação a ser feita vai ao encontro do que eu disse algumas vezes anteriormente: os médicos sempre acertam? É claro que não, e nem os dados e a análise. O diagnóstico é um processo iterativo, e, quando não acertamos na medicina, podemos recuar e buscar uma abordagem que funcione. Em dados e análise, a mesma coisa pode ocorrer. Os dados e a análise não são perfeitos, têm falhas, mas a chave é aprender com essas falhas ou quando elas não funcionarem e repetir o processo.

DETALHAMENTO DE CONTEÚDO

Ao longo do livro, há determinadas áreas que quero associar aos quatro níveis de análise, sendo elas:

- Alfabetização em dados
- Orientação por dados
- PMV (proficiência mínima viável)

Durante a leitura, você verá que me relaciono com cada uma dessas áreas para nos ajudar a compreender os quatro níveis de análise e como eles funcionam. Uma coisa é cobrir cada nível de análise, mas vinculá-los aos meus dois livros anteriores e mostrar como esses níveis de análise funcionam por meio da alfabetização em dados e de uma organização orientada por dados é fortalecedor e necessário. Vamos examinar rapidamente cada uma dessas três áreas, dando a você uma base na Introdução que, espero, o ajudará ao longo deste livro.

ALFABETIZAÇÃO DE DADOS

Talvez você se lembre de meu primeiro livro ou esteja familiarizado com a definição de alfabetização de dados, mas ela é a capacidade de ler, trabalhar, analisar e se comunicar com dados. Essas quatro características são necessárias para que as organizações sejam holisticamente capazes de ter sucesso com dados. Os indivíduos podem ter habilidades e graus de habilidades variados em cada uma dessas quatro características, pois precisamos nos lembrar de que não existe um modelo único quando se trata da capacidade de alfabetização em dados.

As pessoas terão habilidades variadas nos quatro níveis de análise que as ajudam a utilizá-los da maneira necessária para si mesmas. Nem todo mundo será técnico e proficiente em análise preditiva ou prescritiva, mas pode ter a necessidade de se comunicar com aqueles que são. Isso pode permitir que o fluxo livre de trabalho analítico permeie a organização. Além disso, pode tornar esse indivíduo mais valioso em sua carreira, pois ele terá habilidades que o ajudarão e que, possivelmente, ajudarão a sua organização a ter sucesso em nosso mundo orientado por dados e pela tecnologia.

ORIENTAÇÃO POR DADOS

O que significa ser orientado por dados? Bem, parece que complicamos demais isso em nossa vida. Ser orientado por dados é algo simples. Significa utilizar dados e análises, em sua vida privada ou pessoal, ou para organizações como um todo, para ajudá-lo a tomar decisões. É isso, não há nada de extraordinário ou muito complicado aqui.

A partir dos quatro níveis de análise, associaremos a forma como eles são aplicados como parte da orientação por dados.

PMV — PROFICIÊNCIA MÍNIMA VIÁVEL

No mundo dos negócios, talvez estejamos acostumados a ver o termo ou a abreviação MVP para significar "produto viável mínimo", mas vamos usá-lo de forma diferente aqui. Todo o crédito ao meu amigo e brilhante data storyteller (contador de história de dados) Brent Dykes, que começou a usar esse termo em maio de 2022, antes de mim, em um artigo intitulado "Data Literacy and Data Storytelling: How do they fit together?" [Alfabetização em Dados e Data Storytelling: Como eles se encaixam?, em tradução livre].[1]

Adoro esse termo e, embora Brent o tenha usado com alfabetização de dados, vou associá-lo aos quatro níveis de análise. Qual a proficiência mínima viável que uma pessoa precisa ter com os quatro níveis de análise? Qual a proficiência mínima viável para uma organização em cada um dos quatro níveis de análise? Como a PMV trabalha com a alfabetização de dados e a orientação por dados?

Um aspecto a ser observado é que a PMV para uma pessoa ou organização será diferente para as diferentes funções dentro da organização. Procurarei abordar isso em cada nível de análise e nas diferentes funções que desempenham um papel nesse nível. Também abordarei o tema da alfabetização em dados e da orientação por dados com relação aos quatro níveis de análise.

RESUMO

Com minha analogia favorita em mãos, a analogia do médico, e com breves resumos sobre alfabetização em dados, orientação por dados e proficiência mínima viável (que normalmente chamaremos apenas de PMV no livro), estamos prontos para começar. Você está pronto? Aperte o cinto e prepare-se para mais aprendizado e diversão nerd.

NOTA

[1] Dykes, B (2022) Data Literacy and Data Storytelling: How do they fit together? *Effective Data Storytelling*, https://www.effectivedatastorytelling.com/post/data-literacy-and-data-storytelling-how-do-they-fit-together (arquivado em https://perma.cc/2X2N-FN9F).

PARTE UM

Dados e análise

Já que está lendo este livro e, possivelmente, já leu meus outros dois livros, suponho que tenha alguma compreensão do que são dados e análise. Caso contrário, esta seção estabelecerá uma base e o capacitará com conhecimento sobre esses dois tópicos. Dito isso, não gastarei uma quantidade exorbitante de tempo para defini-los, embora forneça o que poderia chamar de definições de livros didáticos. Em vez disso, quero discutir dados e análise por meio do que chamarei de "mina de ouro" de dados e análise, ou, neste caso, uma mina de dados e análise. Para ajudar a discutir essa mina, entraremos no vasto mundo dos dados.

1
Definindo dados e análise

Qual a finalidade dos dados? É algo mágico que proporcionará às pessoas e organizações mais sucesso do que jamais sonharam? Bem, isso pode ser uma hipérbole, mas a realidade é que pessoas e organizações podem se fortalecer muito com dados e poder analítico. Para ajudar nisso, daremos uma olhada na grande quantidade de dados que existe no mundo e, neste caso, na quantidade que existirá. Pode ser muito legal pensar na quantidade de dados que existe no mundo. Os números que podem ser lançados com a quantidade de dados podem ser vistos como algo insondável.

Há muitas maneiras divertidas de analisar os dados, mas daremos uma olhada na quantidade total. De acordo com o Departamento de Pesquisa do Statista, a previsão é que até o ano de 2025 a criação de dados em todo o mundo será de mais de 180 zettabytes. Você sabe quantos bytes existem em um zettabyte?[1] Você sequer sabia que esse termo existia? Deixe-me escrever esse número para você, e saiba que há 21 zeros em um zettabyte: 180.000.000.000.000.000.000.000. Não é irreal? Estamos produzindo muitos dados. Lembre-se de que nem todos os dados são valiosos ou impactantes para nós, mas, por enquanto, nos deleitaremos com a quantidade de dados que estamos criando.

Outra maneira de ver isso vem do FirstsiteGuide, que resume dizendo que levaríamos 181 milhões de anos para baixar todos os dados da internet hoje.[2] Esse artigo foi escrito ou atualizado em janeiro de 2022. São tantos dados — 181 milhões de anos para fazer isso! Não sei quanto a você, mas eu tenho outras coisas para fazer além de me preocupar com o download de todos eles, inclusive, não viverei tanto tempo. Para se ter uma ideia, a ciência diz que há cerca de 180 milhões de anos foi quando a Pangeia se dividiu.[3] Por que estamos produzindo tantos dados? Por que podemos armazenar tanto?

A realidade é que a digitalização do mundo está permitindo a produção de mais e mais dados. Com tantos dados sendo produzidos e a barata disponibilidade de armazenamento de dados, por que não armazenar cada vez mais? Agora, este não será um livro ou capítulo sobre tecnologia de armazenamento em nuvem, porém é mais fácil armazenar dados em nossa era atual. Com dados e análise, ter mais não é necessariamente o que queremos. Vou lhe dar um exemplo. Talvez eu goste de sorvete, mas, quando alguém pega o pote de sorvete maior, o sorvete acaba perdendo sua utilidade (um professor usou essa analogia em meu curso de graduação na universidade). A última colherada não tem um sabor tão fantástico quanto a primeira. O mesmo pode acontecer com todos os dados que produzimos e armazenamos. Primeiro, o excesso de dados pode dificultar a limpeza, o gerenciamento e que se arquitete bem os dados. Em segundo lugar, pode ser difícil encontrar os dados certos de que você precisa para responder às suas perguntas. Terceiro, isso pode custar à organização, não em custos de armazenamento em nuvem, e sim no custo potencial e/ou de oportunidade encontrado na pesquisa e na utilização de dados em excesso para responder às perguntas.

Com todos esses dados, pode-se dizer: "E daí?" Pode-se dizer: "Quem se importa?" Alguém pode até perguntar: "Você não acha que todos esses dados são exagerados?" Podemos nos deparar com histórias incríveis de como os dados foram usados ou estão sendo usados, mas será que dados sustentam todo o exagero? A resposta é sim, o exagero é real e justificado. Sim, estamos produzindo e podendo armazenar grandes quantidades de dados, mas eles ficam ali. É preciso trabalhar para lhes dar vida, para torná-los analisáveis, para potencializá-los a nós mesmos e a nossas organizações. Precisamos limpar, organizar, projetar, arquitetar e estabelecer processos. Precisamos fazer muito com eles. Uma das principais coisas que precisamos fazer é dar vida aos dados. Eles têm valor inerente, e é necessário trabalhar a fim de prepará-los para o trabalho de front-end, mas dados sem análise são apenas dados. No entanto, quero deixar claro que a análise sem bons dados pode ser uma coisa muito ruim.

O EXEMPLO DA MINERAÇÃO NA MONTANHA

Para dar vida a isso, usarei uma analogia. Minerais valiosos estão presentes na terra. A mineração é um processo de extração desses minerais e de obtenção de valor com eles. Quero que imagine que descobriu uma montanha com ouro e diamantes — bem incrível. Você espera extrair muitos minerais valiosos, mas não tem certeza do valor exato dos minerais encontrados nela. De qualquer forma, você decide investir nisso, esperando receber um grande retorno sobre seu investimento. O que você faz em seguida? Bem, decide construir uma mina e uma empresa para obter esse valor. Para essa mina, você compra o terreno necessário, estabelece a infraestrutura certa, compra as ferramentas e os equipamentos certos e contrata o pessoal certo. Então você pensa e desenvolve os processos de engenharia para extrair o ouro ou os minerais valiosos que encontrar. O interessante disso é que a mina em si tem muito valor real e potencial. Pode-se, de fato, dizer que a mina pode valer bilhões e bilhões de dólares, dependendo da quantidade de ouro ou de diamantes nela contida. Mas será que o fato de saber que há valor significa que se está explorando todo o potencial da mina? Não, é claro que não. É preciso uma estratégia, é necessário o pessoal certo, não apenas aquele que você acha que deve contratar, são necessários processos, eficácia, governança e controle. O que é realmente necessário é um processo e um plano estratégicos, nos quais se faça as coisas de forma eficaz e eficiente, para que se possa obter o valor buscado. Em essência, você precisa extrair o ouro e os minerais e, em seguida, vendê-los ou transformá-los em valor. Não é tão simples, certo? Pode não ser simples, mas você precisa fazer isso de forma eficaz para obter um forte retorno sobre seu investimento.

Uma empresa que utilizou dados para ajudá-la a aumentar o valor é a Netflix. Eu arriscaria dizer que muitas empresas de streaming usam dados para otimizar seus serviços. No caso da Netflix, a empresa usa dados para aprimorar sua organização e criar um benefício para seus clientes.[4]

Para aprofundar nossa analogia com a mina, uma vez que tenha a engenharia e a infraestrutura instaladas, você poderá extrair mais o valor da mina e retirar os diamantes ou o ouro, encontrando, assim, o valor ou o "insight" (sim, estou associando isso agora à mina de dados e análise de que estamos falando) dentro da mina. A extração do mineral é um processo que pode ser simples, talvez apenas uma simples pá seja necessária; ou complexo, quando grandes máquinas ou processos são necessários para se extrair o valor da mina, mas o tempo, o custo e a energia usada para isso valem a pena.

Por fim, depois de comprar e estabelecer sua mina, e depois de se esforçar para explorá-la a fim de obter seu valor, você precisará ter um propósito ou tomar uma decisão com o ouro e os diamantes em mãos. Seja derreter o ouro ou vender os diamantes para joias, o que quer que seja, você precisa tomar uma decisão sobre o que fará com os minerais extraídos.

Como você já deve ter adivinhado, a analogia da mineração é uma correlação com a mina de dados e análise que quero que construa em sua própria mente, para utilizar em sua vida pessoal e em seu trabalho/carreira. Essa também é uma analogia relacionada à estratégia de dados de uma organização. As organizações estão armazenando grandes quantidades de dados. Há ouro ou diamantes nessa grande quantidade de dados, e a análise é o equipamento necessário para extraí-los. Vamos explicar o que quero dizer.

As organizações têm essa capacidade de construir suas próprias "minas" de dados, neste caso, arquiteturas de dados em larga escala, modelagem, engenharia, e assim por diante. Principalmente estabelecendo a base necessária para o sucesso dos dados e análise, a organização realizou a primeira etapa de sua mina de dados e análise organizacional. A base de dados, a arquitetura, a modelagem e o armazenamento de dados representam a construção da estrutura e a apropriação da mina. Em sua mina de dados, há valor. Os dados têm valor. Você está armazenando muito potencial, mas precisa de algo para extrair esse valor. Aqui está o nosso mundo da análise.

Analytics é definido pelo dicionário Merriam-Webster como análise... bem, o que isso significa?[5] Análise é definida como um olhar profundo em algo que pode ser complexo para que se entenda, como um todo ou considerando suas partes isoladas.[6] A mesma definição de análise do Merriam-Webster basicamente diz que estamos observando todas as partes que compõem algo em seu todo.[7] Na análise, examinamos os dados e as informações — em alguns casos, pode ser uma visão maciça e holística dos dados — e os dividimos em partes. Estamos encontrando seus componentes. Essa é uma maneira fantástica e surpreendente de ver as coisas. Nesse caso, estamos desmembrando o terreno ao redor da mina para encontrar o ouro e os diamantes que estão lá dentro.

A análise, com os dados, transforma dados e informações em recursos úteis e significativos e nos ajuda a entender sua natureza. Com os dados, temos uma ferramenta poderosa para nos ajudar a tentar descobrir o "por que" das coisas que estamos vendo em uma organização, talvez por meio de painéis, visualizações de dados ou KPIs. A análise tem o poder de nos levar de grandes somas de dados para o valor. No caso da mina, a extração trouxe à tona o valor da enorme quantidade de minerais. Esse valor estava na forma de ouro e diamantes.

Vivemos em um mundo de sinal e ruído. Você já ouviu esses termos antes? Sinal e ruído nos vêm do uso do rádio. Nos rádios, você girava o botão para passar pelo "ruído" da estática e encontrar o "sinal" do rádio. Hoje em dia, é mais fácil ouvir nossa música com clareza, mas antes era assim que se fazia. Essa analogia de girar o botão de dados para encontrar o ruído é poderosa. Em nosso caso, vamos pensar na análise como o botão que estamos girando para encontrar nosso insight, o sinal. A realidade é que há muito ruído nos dados (ou seja, partes que não têm valor), e nosso trabalho é encontrar o sinal. Esses são todos os nossos dados, pessoais ou organizacionais. Essa discussão sobre sinal e ruído está de acordo com nossa analogia da mineração. Muito similar a uma mina de ouro, onde é preciso peneirar a sujeira para encontrar o valor. Como uma organização trabalha para encontrar o insight nos dados, é importante entender essa analogia entre o sinal e o ruído.

HABILIDADES DE DADOS E ANÁLISE — ALFABETIZAÇÃO DE DADOS

No mundo dos dados e da análise, é necessário que existam as competências e habilidades certas em uma organização. Você não extrairá minerais de sua mina sem as pessoas e as ferramentas certas, e o mesmo se aplica aos dados e à análise. No caso dos dados e da análise, esse é o mundo dos dados e da alfabetização, sobre o qual escrevi em meu primeiro livro, *Be Data Literate.* A alfabetização de dados deve capacitar as pessoas com as competências e habilidades certas para dar vida aos dados. Lembre-se da Introdução deste livro. Na verdade, existem quatro níveis de análise no mundo atual, mas a maioria das pessoas passará seu tempo nos dois primeiros níveis: descritivo e diagnóstico. Lembre-se da analogia que compartilhei sobre estar doente. Sabemos que há pepitas de sabedoria e conhecimento no que diz respeito à sua melhora — o que está errado e por quê, e o que fazer para ajudar na sua recuperação. O diagnóstico dos dados é o sinal, mas adivinhe só? Há muitas coisas diferentes que um médico pode escolher. Sim, algumas seriam absurdas com doenças diferentes, mas esperamos que, por meio dos dados e das informações fornecidas, o sinal seja encontrado e todo o ruído seja eliminado.

Esse é o mesmo princípio no trabalho de dados e análise. Os indivíduos de uma organização devem ter as habilidades necessárias para decifrar todo o ruído e encontrar o sinal, que se espera que se transforme em crescimento, retorno e decisões incríveis para a empresa. Vamos ver um exemplo de dados e análise no trabalho usando uma de minhas visualizações de dados favoritas: a marcha de Napoleão em Moscou. Veja a Figura 1.1.

Dê uma olhada nessa imagem, atribuída ao engenheiro civil Charles Joseph Minard. Essa visualização mostra o que foi gerado a partir de algo em uma época na qual talvez tenha havido muitos dados. Podemos ver, à esquerda, Napoleão marchando em direção a Moscou, movendo-se da esquerda para a direita. À medida que vemos esse movimento, percebemos que a linha mais clara fica mais fina onde o exército de Napoleão se torna menor, e a viagem de volta em preto mostra que isso ocorre ainda mais. Que visualização maravilhosa! Mas será que isso nos mostra por que isso ocorreu? Não, não exatamente. Aqui encontramos, talvez, algum sinal dentro do ruído, mas, de modo geral, seria necessário fazer mais.

Geralmente, estamos montando uma imagem poderosa dos dados e da análise. Vamos dar uma olhada em mais exemplos de dados e análise, para que nossa mente fique bem posicionada sobre o que cada um é, o que nos capacitará nos próximos capítulos.

Exemplos de dados:

- As informações que recebemos para nos informar sobre a situação econômica atual.
- A American Express é uma organização que tem muitos dados. Toda vez que uma pessoa usa um de seus cartões de crédito, são gerados dados para a American Express.
- Seu aniversário, seu número de identificação pessoal (equivalente ao CPF no Brasil), sua pontuação de crédito, possíveis informações fornecidas a empresas de mídia social e tudo o mais que compõe as informações pessoais.
- O número de vendas de carros por fabricante.
- E muitas outras formas de dados.

Exemplos de análise:

- Descobrir que há sazonalidade nas tendências de vendas de carros.
- Insights fornecidos por aprendizado de máquina e inteligência artificial, geralmente na forma de análises preditiva e prescritiva.
- Previsões de vendas no varejo.
- Painéis de controle de uma organização, geralmente na forma de análise descritiva.
- E muitas, muitas outras formas de análise.

FIGURA 1.1: Marcha de Napoleão em Moscou

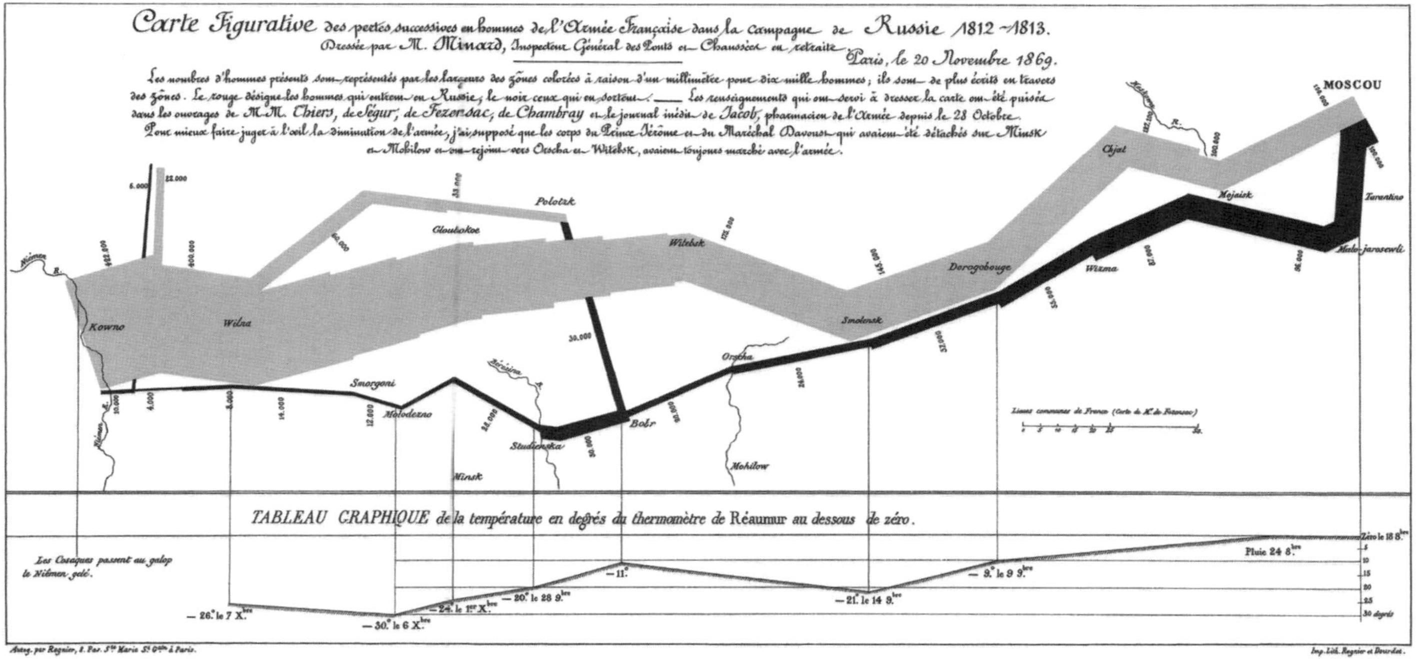

BASEANDO-SE EM DADOS

Não é preciso dizer que, para que uma pessoa e/ou uma organização seja baseada em dados, os dados e a análise devem desempenhar um papel fundamental. Para ser baseada em dados, a organização deve utilizar dados em seus processos de tomada de decisão. Faz sentido que, para que uma organização seja baseada em dados, os dados e a análise devam ser utilizados como parte vital da organização. Certo, este pode ser um momento "dã", mas a realidade é que o fluxo de dados e análise em uma organização é feito de forma inadequada no mundo atual. Em alguns casos, de forma muito ruim. De acordo com minha experiência e com os convites contínuos que recebo de empresas para falar sobre alfabetização de dados ou outros tópicos, essas empresas estão investindo mais em sua alfabetização de dados ou não estão onde querem estar de uma perspectiva baseada em dados. Um exemplo de uma organização que investe pesadamente e da maneira correta é o Miami Dade College, que se esforça para ser baseado em dados. Não se trata de uma organização pobre em dados, mas de uma organização que está se esforçando para ser uma "faculdade baseada em dados", como diz a senhora presidente. A escola investe muito no painel de liderança, e tive a grande oportunidade de participar de um workshop sobre dados. Que exemplo de como fazer as coisas da maneira certa! A senhora presidente está responsabilizando os líderes e ela "percebe" isso, o que significa que ela entende a necessidade de ser baseada em dados. Com esse bom exemplo, por que alguns estão se saindo mal?

Na seção anterior, falamos sobre alfabetização de dados. A falta de alfabetização de dados no mundo de hoje, sendo o ano de 2022 enquanto escrevo este texto, é impressionante. No estudo da Qlik sobre alfabetização de dados, lançado em 2022, descobriu-se que apenas 11% das pessoas estão totalmente confiantes em suas habilidades de alfabetização de dados.[8] Com um nível tão baixo de alfabetização de dados, não é de admirar que as organizações não estejam conseguindo ser baseadas em dados, não é mesmo?

Outro problema que encontramos na falta de habilidades para se basear em dados é a maneira como os dados e a análise estão dispersos em uma organização. Sua organização tem uma estratégia de dados holística bem comunicada em toda a organização? Você sabe quem tem o quê? Talvez ainda mais importante, você sabe "por que" eles têm o que têm?

Os dados e a análise devem ser dispersos e permeados por toda a organização. Quando pensamos na analogia dos dados e da análise sob a perspectiva de um médico, podemos ver como funciona o processo ou o fluxo de pensamento de estar doente e depois um médico ajudá-lo. Em dados e análise, as organizações podem fluir bem como um bom médico, mas muitas vezes isso não funciona dessa forma e não é tão simples quanto escrevo. Isso dificulta o sucesso das organizações com dados e análise. Mencionei uma estratégia de dados holística, mas o que isso significa com relação às duas áreas de dados e análise?

Com toda essa conversa sobre dados e análise, deve-se observar que essas duas coisas devem se enquadrar na estratégia holística de dados de uma organização. Esse tópico de uma estratégia de dados será abordado várias vezes no livro. Quero garantir a aplicabilidade do que você leu aqui. Entender como, onde e por que os dados são usados é importante para mim e para qualquer pessoa que trabalhe, aprenda etc., com dados e análise.

Agora, o que quero dizer com uma estratégia de dados holística é um conceito simples: é aquela em que a estratégia de dados está vinculada à estratégia de negócios. Participei de uma Masterclass com Simon Asplen-Taylor, e ele a descreveu como dados que ajudam uma organização a alcançar resultados ou objetivos comerciais (recomendo seu livro, *Data and Analytics Strategy for Business: Unlock data assets and increase innovation with a results-driven data strategy* [sem publicação no Brasil]). Seu uso de dados pessoais deve ser feito para atingir as metas que deseja alcançar. O uso de dados de uma organização deve ajudá-la a ser bem-sucedida em seu ramo. Gosto da ideia de "visão periférica" dentro dos dados e da análise. A visão periférica nos dados é a capacidade de ver "ao seu redor" em seu trabalho analítico e de dados, ou "ao seu redor" em uma estratégia de dados organizacional. Em seu excepcional livro, Simon apresenta dez perguntas que devem ser feitas logo no início, a si mesmo ou à sua organização. A seguir, faremos algumas perguntas sobre a visão periférica dos dados:

- Sua organização tem uma visão limitada em seu trabalho com dados e análise?
- Você está isolado, somente olhando para a frente?
- Ou sua organização vê todos os lados, utilizando dados e análise, encontrando padrões, tendências e discrepâncias?
- Sua organização compra ferramentas e tecnologia, capacita as pessoas para que tenham sucesso com dados diretos, periféricos e trabalho analítico?

Obviamente, essas não são todas as perguntas que se pode fazer a si mesmo, mas você deve fazer essas perguntas para seu trabalho de estratégia de dados periféricos, assim como deve fazer muitas outras.

PMV — PROFICIÊNCIA MÍNIMA VIÁVEL

Quando pensamos em uma proficiência mínima viável, o conjunto mínimo de habilidades necessárias em dados e análise, essa pode ser uma conversa muito longa. Abordaremos esse tópico com mais profundidade nos capítulos sobre cada um dos quatro níveis de análise, mas veremos esse conceito neste capítulo com uma compreensão mais aprofundada da PMV dentro da alfabetização de dados, de como ser baseado em dados e da forma como isso pode ser.

Meu amigo Brent Dykes criou uma imagem que mostra a PMV da alfabetização de dados (usada com sua permissão). Veja a Figura 1.2.[9]

Para este capítulo sobre a definição de dados e análise, pode-se imaginar que essa capacitação da alfabetização de dados em um indivíduo e em uma organização é fundamental para o sucesso baseado em dados. Fazer com que toda a força de trabalho seja capaz de realizar com os dados e a análise os aspectos encontrados na parte destacada da figura pode levar a um maior sucesso em dados e análise.

Quando as organizações procuram preencher funções com indivíduos capacitados em alfabetização de dados, essas são as habilidades que devem ser buscadas. Quando as organizações buscam aprimorar ou requalificar a alfabetização de dados nas funções e nos funcionários de uma organização, essas são as habilidades que devem ser visadas. Mas e quanto àqueles com habilidades mais técnicas?

Cada uma das diversas funções em uma organização terá uma PMV diferente para habilidades de dados e análise. As funções técnicas exigirão diferentes habilidades de nível de PMV dentro da organização. Abordarei os diferentes tipos de habilidades de PMV em diferentes funções quando tratar dos quatro níveis de análise. Observe que um diretor de dados ou um diretor de dados e análise (CDO ou CDAO, ou outras formas/iterações dessa função) terá a visão geral da estratégia de contratação dessas funções. Além disso, a estratégia de dados e análise da organização, que está vinculada à estratégia de negócios, deve especificar as funções necessárias, e, em seguida, a liderança que contrata para essas funções deve ter as habilidades necessárias para essas funções.

Quanto à proficiência mínima viável em dados e análise no que se refere ao fato de uma organização ser baseada em dados, não é preciso dizer que, se uma organização não tiver as habilidades mínimas suficientes em dados e análise, análise de back-end e front-end, base da arquitetura de dados e habilidades fundamentais de uma cultura baseada em dados, provavelmente não conseguirá atingir as metas de ser realmente baseada em dados. Fim da história. Sem as habilidades de PMV permeando toda a organização, pode-se esquecer a ideia de ser bem-sucedido com dados e análise. É claro que você pode ver bolsões e bolhas de sucesso com dados e análise, até mesmo uma ou duas equipes que estão se saindo muito bem com dados e análise, mas a estratégia holística de dados, o desejo holístico de ser baseado em dados, tem uma probabilidade maior de fracassar, e qual executivo ou membro do conselho quer isso?

HABILIDADES PRINCIPAIS PARA ALFABETIZAÇÃO DE DADOS

	Ler	Trabalhar com	Comunicar
Insight	• Interpretação básica • Ceticismo com dados	• Use insights para informar decisões e ações	• Storytelling em dados
Informação	• Análise de gráficos básica • Estatística básica • Curiosidade em dados	• Análise descritiva • Análise diagnóstica • Visualização de dados (exploratória)	• Relatórios e apresentações • Dashboards • Visualização de dados (explanatória)
Dados	• Matemática básica • Conhecimento de dados específicos da área	• Know-how das ferramentas básicas • Interagir com, manipular e extrair dados	• Pedidos de dados ad-hoc • Conversas sobre dados

FIGURA 1.2: A imagem da PMV de Brent Dykes — proficiência mínima viável em alfabetização de dados

RESUMO DO CAPÍTULO

Os dados são algo que absolutamente permeia nossa vida, e essa tendência parece que continuará. A análise é algo que pode dar vida aos dados. Dentro dos dados e da análise, sempre pense em como essas coisas fazem parte da alfabetização de dados e são cruciais para ela, para ser baseado em dados e para a PMV Pense no exemplo da mineração: os dados estão na mina e precisam ser extraídos. A análise ajudará a extrair o ouro e os diamantes da mina. Use essa analogia para centralizar sua mente no propósito deste livro.

DEFINIÇÕES E CONCLUSÕES DO CAPÍTULO

Ao final de cada capítulo, apresentarei algumas definições e conclusões. Gosto de fazer anotações enquanto leio e espero que isso o ajude com suas anotações ou até mesmo as substitua. Como este é o primeiro capítulo, este será nosso primeiro cenário:

- **Dados:** informações que podem ser apresentadas em vários formatos, como numéricos, qualitativos, quantitativos e até mesmo imagens. Os dados são apenas dados e precisam de algo que lhes dê vida.
- **Análise:** uma maneira de analisar dados; ela dá vida aos dados. Há quatro níveis de análise: descritiva, diagnóstica, preditiva e prescritiva.
- **Alfabetização de dados:** a capacidade de utilizar confortavelmente os dados e a análise para ajudá-lo na tomada de decisão. A alfabetização de dados não é um modelo único para todos, mas é a capacidade de utilizar os dados de onde você estiver e como precisar.
- **Basear-se em dados:** o uso de dados para tomar decisões mais inteligentes. Essencialmente, é o uso de dados para direcionar objetivos, seja para uma empresa ou para uma pessoa.
- **Estratégia em dados:** a estratégia usada por uma organização para utilizar dados e análise a fim de atingir suas metas e objetivos. Pode ser para um indivíduo também. Para as organizações, a estratégia de dados deve estar vinculada à estratégia de negócios.
- **Proficiência mínima viável (PMV):** está diretamente relacionada à alfabetização de dados. Pense nisso como o nível mínimo de proficiência que as pessoas devem ter em alfabetização de dados. Também pode ser para uma organização. Igualmente, pode ter uma proficiência mínima viável para cada nível de análise.

NOTAS

[1] Statista.com (2023) Amount of data created, consumed, and stored 2010–2025, https://www.statista.com/statistics/871513/worldwide-data-created/ (arquivado em https://perma.cc/B6TX-8ZGL).

[2] Firstsiteguide.com (2022) Big data statistics from 2022: How much data is in the world? https://firstsiteguide.com/big-data-stats/ (arquivado em https://perma.cc/8Z3V-UYAD).

[3] Britanica.com (nd) Pangea, https://www.britannica.com/place/Pangea (arquivado em https://perma.cc/KN4N-KZ4R).

[4] Mohan-Finck, A (2018) How Netflix uses big data to improve customer experience, LinkedIn, https://www.linkedin.com/pulse/how-netflix-uses-big-dataimprove-customer-experience-mohan-finck/ (arquivado em https://perma.cc/MRM7-8983).

[5] Merriam-Webster Dictionary (nd) Definition of Analytics, https://www.merriamwebster.com/dictionary/analytics (arquivado em https://perma.cc/7HJU-T874).

[6] Merriam-Webster Dictionary (nd) Definition of Analysis, https://www.merriamwebster.com/dictionary/analysis (arquivado em https://perma.cc/5MW4-SF5H).

[7] Merriam-Webster Dictionary (nd) Definition of Analysis, https://www.merriamwebster.com/dictionary/analysis (arquivado em https://perma.cc/K6LV-SFWB).

[8] Qlik (nd) Data literacy: The upskilling evolution, https://www.qlik.com/us/bi/data-literacy (arquivado em https://perma.cc/5LYX-NKPP).

[9] Dykes, B (2022) Data literacy and data storytelling: How do they fit together? *Effective Data Storytelling*, https://www.effectivedatastorytelling.com/post/ data-literacy-and-data-storytelling-how-do-they-fit-together (arquivado em https://perma.cc/TF26-YFW5).

2

Definindo os quatro níveis de análise

Em nossa Introdução, apresentamos os quatro níveis de análise por meio da analogia de ir ao médico. Cada nível de análise é poderoso, tem impacto e precisa fazer parte do processo de transformar dados e informações em insights. Neste capítulo, quero definir esses tipos de análise utilizando exemplos do mundo real. A partir desses exemplos, quero que pense em exemplos de sua própria vida nos quais possa utilizar os dados da mesma forma para tomar decisões ou obter novas informações. (Desculpe, mas, se você acha que não usa dados para fazer previsões em sua vida pessoal, pense novamente. E quanto àquelas férias que planejou e verificou a previsão do tempo para saber que roupa levar? Se não verificou a previsão do tempo, sinto muito e espero que suas férias não tenham sido arruinadas.)

NÍVEL ANALÍTICO 1 — DESCRITIVO

Se pensarmos em nossa analogia desde o início, a análise descritiva ocorria quando o médico dizia que você estava doente. O médico está descrevendo algo, fazendo uma descrição. Descrever e descrição são bem apropriados para o termo "analítico descritivo", não é mesmo?

O primeiro exemplo de uma análise descritiva será mais geral. Quantos de vocês trabalham com qualquer tipo de dashboards em sua organização? Quantos de vocês trabalham com demonstrações financeiras, como uma demonstração de lucros e perdas ou um balanço patrimonial? Quantos de vocês trabalham com KPIs e os veem com bastante frequência? Cada um desses itens é uma análise descritiva.

Essas declarações produzem dados e informações que descrevem algo, como o desempenho da empresa em uma demonstração de lucros e perdas ou como estamos nos saindo em relação às métricas da empresa em um painel de

KPI. A análise descritiva está fazendo um bom trabalho ao nos mostrar "o que" aconteceu, mas não nos mostra "por que" aconteceu (é claro que chegaremos a isso no segundo nível de análise).

A análise descritiva é uma parte absolutamente essencial do ecossistema de dados e análise que precisa compor a estratégia de dados e o processo de tomada de decisões orientadas por dados de uma organização, mas quero fazer um alerta ou uma advertência: a análise descritiva é apenas uma etapa e não é o princípio e o fim da análise de dados. Receio que, com o passar dos anos, as pessoas tenham se apaixonado tanto pela visualização de dados e por ferramentas como o Tableau e o Looker, que agora elas acham que as belas visualizações de dados feitas por seus funcionários são a resposta para tudo. Bem, não são! Eu gostaria de poder dizer isso com mais ênfase. Uma boa visualização de dados é maravilhosa e poderosa, mas PRECISAMOS ir além de uma visualização de dados para ter sucesso na tomada de decisões orientada por dados. Temos de chegar ao segundo nível da análise, ao "por que" por trás do que aconteceu na análise descritiva. Antes de fazermos isso, porém, gostaria de trazer à tona outras análises descritivas para que o nível analítico 1 seja compreendido.

APPS DE CONDICIONAMENTO FÍSICO

Provavelmente falo de condicionamento físico quando palestro ou em meus livros porque isso é uma grande parte de minha vida, mas quantos de vocês usam algum tipo de rastreador de condicionamento físico? Talvez seja um iWatch? Um Garmin? Fitbit? Existem muitos dispositivos que podem nos ajudar a monitorar as métricas de nossa saúde. Às vezes, pode parecer que eles monitoram demais, ou que recebemos muitos pontos de dados ou, sejamos francos, pontos de dados *estranhos* com os quais não sabemos o que fazer. Quero dizer, com meu relógio obtenho informações sobre calorias em repouso, calorias em atividade, total de calorias queimadas, calorias consumidas (como um relógio informa isso... bem, não sei), calorias líquidas, perda de suor estimada, líquidos consumidos, líquidos acumulados. Quero dizer, será que realmente preciso de todas essas análises descritivas apenas sobre nutrição e hidratação? Provavelmente não! Pode ser legal pensar nisso. Quando corri a 2022 Speedgoat 50k, meu relógio estimou minha perda de suor em 10.631ml. Sim, são mais de 10kg de perda de suor, como estimativa. Essa corrida foi difícil, e acho que a desidratação pode ter tido um papel nisso.

Em geral, os aplicativos de condicionamento físico podem fornecer inúmeras análises descritivas, e isso é bom. Pode ser legal ver tudo isso, mas lembre-se de que há "porquês" subjacentes a elas.

ESTATÍSTICAS DE REDES SOCIAIS

Outra área que me é muito próxima e querida é a análise descritiva que me chega pelo LinkedIn. Tenho sido uma voz ativa no LinkedIn há anos. Conhecido como o "Padrinho da alfabetização de dados", acompanho as postagens e compartilho coisas no site, sendo que a alfabetização de dados é, obviamente, um tópico importante para mim. É claro que, como provavelmente acontece com muitos influenciadores de mídia social ou de outras áreas, os dados e as informações retornam para mim. Pode ser interessante dar uma olhada. Às vezes, uma publicação que você acha que não viralizará acaba viralizando, e há publicações que você acha que são boas, mas que não produzem nada. De modo geral, você pode receber essas métricas e análises descritivas, mas, novamente, estou vendo "o que" aconteceu, mas não estou sabendo "por que" aconteceu.

BEISEBOL

Bom, um de meus esportes favoritos, se não meu esporte favorito de todos os tempos, é o beisebol — um esporte muito divertido e que pode ser uma incrível partida de xadrez entre as equipes e até mesmo entre os jogadores. Bem, o beisebol está repleto de análises descritivas. Isso ficou famoso com o livro *Moneyball: O Homem Que Mudou o Jogo*, escrito por Michael Lewis e transformado em filme com o incrível ator Brad Pitt.

O beisebol é repleto de métricas. Aqui estão apenas algumas para lhe mostrar (algumas você talvez reconheça, outras podem fazer com que você se pergunte "Mas o quê!?!?" — seguidas da sigla em inglês): médias de rebatidas de um rebatedor (BA), média de corridas limpas (ER), porcentagem de aproveitamento (SLG), porcentagem de aproveitamento mais porcentagem de *slugging* (OPS), vitórias acima da substituição (WAR), média ponderada na base (wOBA), estatística de corridas criadas ajustada a fatores externos (wRC+), média de OPS da liga inteira (OPS+), média de bolas rebatidas (BABIP)... Pronto, você entendeu.[1] Não se preocupe em saber como usar essas métricas, mas saiba que as métricas são usadas no beisebol e nos esportes para ajudar no processo de tomada de decisão. Elas não necessariamente nos dizem "por que" esses números são como são, mas podem dar início à história.

RESUMO

De modo geral, a análise descritiva é poderosa, pois nos ajuda a ver o que está acontecendo e podemos usá-la como ponto de partida em nosso processo de tomada de decisão orientado por dados. No entanto, uma advertência: não veja a análise descritiva como o objetivo final! Use-a como uma ferramenta e uma peça de seu quebra-cabeça de dados e análise.

NÍVEL ANALÍTICO 2 — DIAGNÓSTICO

Vimos que a análise diagnóstica é o nível do "por quê". Pense na analogia do médico. Você sabe que está doente e agora sabe por que está doente. Para mim, o diagnóstico é o nível mais essencial da análise. Por que, você pode se perguntar? Porque esse nível de análise é onde a mágica acontece. A análise descritiva é importante, mas é apenas uma das primeiras etapas do roteiro de dados e análise. Podemos dizer uns aos outros *o que* está acontecendo na empresa ou em nossa vida pessoal utilizando dados para isso, mas apenas saber o que está acontecendo não significa que isso gerará mudanças. O mais importante é saber por que isso aconteceu.

Gartner define a análise diagnóstica como a descoberta do motivo por trás dos dados.[2] Isso resume tudo — podemos seguir em frente, certo? Nos capítulos sobre análise diagnóstica, nos aprofundaremos no que é a análise diagnóstica, nos cargos e nas funções que desempenham um papel nesse importante campo (bem, adivinhe só, todos têm uma função na análise diagnóstica; ela é uma grande parte da alfabetização de dados), e muito mais. Para ajudar a definir a análise diagnóstica neste capítulo, falaremos sobre minha corrida e minha ultramaratona.

APPS DE FITNESS

No momento em que escrevo este livro, uso um relógio Garmin durante meu treino. Esse relógio, como mencionado anteriormente, estimou que minha perda de suor durante uma corrida ultrapassaria 10kg. Peço desculpas, isso é um pouco grosseiro para mencionar em um livro, mas tudo o que meu relógio ou aplicativo de condicionamento físico está me mostrando é o que aconteceu. Ele me diz por que isso aconteceu? Não, é claro que ele não está aqui sentado dizendo que o sol bateu em mim naquele dia ou que os níveis de umidade estavam em tal nível (ele me dá as temperaturas, mas não senti muito calor, embora provavelmente estivesse mais quente do que eu pensava), ou talvez eu não tenha treinado bem o suficiente. Para descobrir o "por que" de minha possível desidratação ou de minha dificuldade durante a corrida (eu a terminei, caso esteja se perguntando), é preciso mais do que apenas me mostrar alguns números. Temos de nos aprofundar para fazer isso.

Ora, isso pode ser algo muito divertido de se fazer, se você quiser. Dê uma olhada na definição do Gartner novamente. Ela menciona técnicas como *drill down* (detalhamento), descoberta de dados, mineração de dados e correlações. Certo, isso é fantástico, mas como isso se aplica à minha corrida? Bem, como podemos analisar os dados e as informações sobre minha corrida e sobre minha competição? Eu treinei sempre com meu relógio Garmin. E se eu retroceder e analisar meu treinamento antes da corrida? Devo retroceder um, dois, três, quatro meses? Posso ver se estou melhorando ou não em meu treinamento? Além de meu relógio Garmin, o que dizer da dieta? Registrei o que estava comendo? E, caso não tenha feito isso, posso me lembrar, de modo geral, de como me alimentei? (Tenha cuidado para não trazer uma imagem mais "esperançosa" de sua dieta porque você não se lembra bem dela. Não se deixe levar por preconceitos ou coisas que o façam acreditar que você se saiu melhor nessa área.) E quanto ao clima naquele dia específico? Eu me senti bem durante a corrida, não senti que estava muito quente, mas aqui em Utah, onde moro, tivemos o que acredito ter sido um número recorde de dias com mais de 37 graus Celsius no mês de julho. Portanto, posso ter achado que a temperatura não estava muito ruim, mas e se eu simplesmente não estivesse sentindo e estivesse mais quente do que eu achava? A umidade era pior do que eu imaginava? Por fim, pelo menos neste parágrafo, cheguei a um ponto em que não queria comer nada, o que não é um bom sinal durante uma ultramaratona. Isso deveria ter sido um sinal de que eu estava desidratado ou que havia algo errado, mas por que isso aconteceu? Será que percebi o que estava acontecendo? Talvez sim, mas não me lembro até o momento.

Veja todas essas perguntas maravilhosas que criei enquanto escrevia este livro. As perguntas são uma coisa incrível e uma parte fundamental/essencial da análise diagnóstica, talvez a parte mais importante. Temos a pergunta-chave da definição de Gartner: "Por que isso aconteceu?" Mas veja todas as perguntas que fiz para saber por que tive dificuldades na corrida. Pense em outras coisas sobre as quais poderíamos fazer perguntas para aquela corrida ou para meu treinamento em geral. Em seguida, podemos usar as técnicas de Gartner para realmente descobrir isso.

Uma dessas técnicas de Gartner é a de correlações. Pense nas correlações como relacionamentos, coisas que *podem* estar relacionadas, coisas que *podem* causar algo. Agora, não podemos nos deixar levar pelo que pode ser o ditado mais antigo em dados e análise: correlação não significa causalidade. Lembre-se disso... por favor!!! Correlação significa que as coisas podem estar relacionadas. Você pode dizer que o calor estava correlacionado com minha perda de suor, portanto ele era o causador. Bem, talvez. É uma correlação, e talvez forte, mas não significa necessariamente que essa foi a resposta. Não queremos ficar presos a suposições porque vemos uma correlação. Agora, dito isso, podemos ver essas correlações e usá-las para tomar decisões, o que é ótimo. Só queremos ter certeza de que estamos fazendo isso corretamente, que sabemos que estamos baseando a decisão em correlações e que não provamos a causalidade. Isso pode ser mais importante ou demonstrado na forma como comunicamos a decisão.

RESUMO

A análise diagnóstica pode ser o nível mais importante da análise, pois chega ao "por que" do que está acontecendo em uma organização ou conosco em nossa vida pessoal. Podemos sempre determinar perfeitamente por que algo está acontecendo? É claro que não, mas podemos nos tornar bons em encontrar padrões, correlações, fazer suposições sobre as coisas e, em seguida, tomar decisões. Exploraremos a análise diagnóstica com muito mais profundidade nos próximos capítulos.

NÍVEL ANALÍTICO 3 — PREDITIVO

A análise preditiva pode ser o nível de análise mais fácil de definir porque as previsões são algo com que estamos mais familiarizados. As crianças podem nos dar previsões ou testar coisas com previsões de pensamento. Como adultos, fazemos previsões em ações que realizamos. As previsões são provavelmente uma ocorrência normal e cotidiana. O SAP define a análise preditiva como uma análise que prevê resultados futuros.[3] Há muitas aplicações para a análise preditiva — vamos dar uma olhada em algumas delas.

CONDICIONAMENTO FÍSICO

Voltemos ao exemplo que tenho usado com os níveis de análise: minha ultramaratona. Quando dou uma olhada na análise descritiva que aparece em meu aplicativo de condicionamento físico, em meu relógio, no aplicativo Peloton ou até mesmo no computador, posso obter dados e conhecimento sobre *o que* está acontecendo. Posso, então, usar a análise diagnóstica, minha intuição humana e meu instinto (mas combiná-los com os dados) para ter uma ideia de *por que* essas coisas estão acontecendo. Agora posso intervir, fazer ajustes e tomar medidas para criar previsões de como ter um desempenho melhor.

Na Speedgoat 50k, eu realmente tive dificuldades nas subidas, às vezes subindo cerca de 6 a 10 metros por vez e depois precisando descansar. Foi por causa da desidratação? Talvez ela tenha tido um papel importante em meu desempenho. Com isso em mente, posso então me perguntar: "O que posso fazer para que isso não aconteça na corrida do próximo ano? Que ajustes posso fazer em meu plano de hidratação antes da corrida para ajudar a garantir, se isso for possível, que eu não tenha o mesmo resultado? O que posso fazer durante a corrida para garantir uma hidratação adequada? Posso ajustar meu treinamento de alguma forma para ficar mais bem preparado para a corrida?" Aqui, criei perguntas que podem ter previsões.

Para ajudar com isso, posso responder a cada pergunta com uma previsão:

- "O que posso fazer para que isso não aconteça na corrida do ano que vem?" Para garantir que eu não me desidrate na corrida do próximo ano, posso verificar adequadamente o clima, saber o que está *previsto* (mesmo aqui estamos utilizando análise preditiva) e planejar de acordo. Posso planejar um forte plano de hidratação para durante a corrida.
- "Que ajustes posso fazer em meu plano de hidratação pré-corrida para ajudar a garantir, se isso for possível, que eu não tenha o mesmo resultado?" Durante a semana, posso me certificar de beber líquidos adequados para ajudar a me hidratar bem antes da corrida. Posso procurar suplementos para tomar e me certificar de que tenho o suficiente de nutrientes essenciais, como sódio, em meu organismo.
- "O que posso fazer durante a corrida para garantir que eu me hidrate adequadamente?" Posso definir um plano que me capacite a beber líquidos o suficiente, com planos de contingência para quando eu não tiver vontade de beber (acredite, você pode chegar a um ponto em que não quer se alimentar, e isso não é uma situação boa).
- "Posso ajustar meu treinamento de alguma forma para ficar mais bem preparado para a corrida?" Qual foi a influência de meu condicionamento físico em meu resultado? Posso me esforçar mais para estar mais em forma e pronto para a corrida.

Todas essas são perguntas que eu poderia responder com uma previsão ou uma ação. Posso esperar por um resultado melhor. Posso testar essas previsões no treinamento e ver os resultados. Aqui podemos ver o maravilhoso ciclo que pode ocorrer: pegamos uma análise descritiva inicial, diagnosticamos o problema ou trabalhamos para diagnosticá-lo e, então, podemos criar previsões em torno dele e avançar com nosso trabalho, testá-lo e ver como está indo. Depois, o ciclo continua.

APLICATIVOS DE PREVISÃO DO TEMPO

Mencionei isso na seção anterior sobre condicionamento físico, mas o aplicativo de previsão do tempo é um exemplo que contém análises preditivas. Acho que as previsões do tempo e os meteorologistas têm uma reputação ruim. Admito que já fui culpado de ter feito isso com eles. Mas depois li parte do livro de Nate Silver *O Sinal e o Ruído: Por que Tantas Previsões Falham e Outras Não,* e meus olhos se abriram mais para o excelente trabalho que os meteorologistas fazem e como é difícil prever o tempo. Mas, em nosso dia a dia, provavelmente todos nós já usamos o aplicativo de previsão do tempo para tomar decisões em nossa vida. Essa é uma análise descritiva que nos é fornecida como uma previsão de que o clima se comportará. Sou grato por isso.

Certa vez, viajei para a Finlândia no fim de novembro. Sem usar o bom senso ou possivelmente sem usar meu aplicativo de previsão do tempo (já faz anos, não me lembro se o abri, mas espero que sim), talvez eu não tivesse previsto muito bem como estaria o clima quando eu estivesse lá. A Finlândia não é um destino tropical no fim de novembro. Mas imagine se eu não tivesse feito uma previsão do que precisaria levar na mala e, em meu tempo livre, tivesse apenas shorts e camisetas. Eu teria ficado em meu quarto de hotel a maior parte do tempo.

FANTASY FOOTBALL

Se você mora nos Estados Unidos, talvez já tenha ouvido falar desse jogo muito popular, o *fantasy football* (equivalente ao Cartola FC). Para aqueles que não o conhecem, você pode escolher ou elaborar um time de jogadores de futebol americano para diferentes posições e, a cada semana, eles podem marcar pontos no sistema projetado para sua liga, e você joga contra as pessoas de sua liga.

Se estiver jogando esse jogo, você pode ser mais nerd em dados do que imagina. Você pode ter examinado as análises descritivas e as estatísticas de seus jogadores, diagnosticando por que eles se desempenharam tão bem e fazendo previsões sobre quem deve ser titular em sua liga nesta semana com base nos adversários de seus jogadores e talvez até mesmo fazendo uma previsão de quem precisa ser titular contra o time contra o qual você está disputando. Veja, você pode ser mais nerd em dados do que pensa — e as pessoas são mais alfabetizadas em dados do que imaginam.

RESUMO

A previsão é algo com que convivemos em nossa vida o tempo todo. Em dados e análise, quero que você pense na previsão como algo combinado com a análise descritiva e a diagnóstica. Provavelmente fazemos previsões todos os dias, mas agora quero que você combine suas previsões com análises descritivas e diagnósticas. Não estou tentando transformá-lo em um supernerd, mas vamos torná-lo mais poderoso em seu trabalho de previsão em sua vida pessoal e em sua carreira.

NÍVEL ANALÍTICO 4 — PRESCRITIVO

George Lawton, da TechTarget, definiu a análise prescritiva como o tipo de análise que determina o que deve acontecer em seguida.[4] A análise prescritiva utiliza o poder da tecnologia para aproveitar o que uma organização ou indivíduo deve fazer em seguida. Pense nas áreas de dados e análise que utilizam aprendizado de máquina e inteligência artificial. A análise prescritiva ocorre quando as ferramentas, a tecnologia e os dados nos dizem o que devemos fazer em seguida.

CONDICIONAMENTO FÍSICO

Se eu fosse usar a tecnologia em meu treinamento para a corrida de ultramaratona e em minhas metas de condicionamento físico, a análise prescritiva seria a máquina ou a tecnologia que me diria o que eu deveria fazer em seguida. Na análise preditiva, utilizo a análise descritiva, aprofundando e encontrando insights com a análise diagnóstica, e, em seguida, faço previsões. Às vezes isso pode ser um palpite, às vezes pode ser um palpite muito bem fundamentado, mas e se eu pudesse utilizar simulações, modelos de computador, coisas que têm habilidades computacionais poderosas para me ajudar? Agora estamos entrando no campo da análise prescritiva.

Imagine que você também esteja tentando atingir determinadas metas e progredir em seu mundo fitness. Você está usando um aplicativo de condicionamento físico, um relógio, talvez o Peloton, ou o que quer que seja, para atingir essas metas. Agora imagine que ele não apenas monitora as coisas para você, mas também faz recomendações com base no que você está fazendo e/ou tentando alcançar. Imagine que ele está recebendo suas informações, juntamente de muitas outras, executando simulações e algoritmos em segundo plano e, em seguida, informando o que você deve fazer. Seu aplicativo está fazendo cálculos em um ritmo muito mais rápido do que você ou eu somos capazes, e então vem a recomendação. Ele pega o que os outros estão fazendo, talvez aqueles que estão em uma situação parecida com a sua, buscando alcançar as mesmas coisas ou objetivos semelhantes, e usa essas informações para fazer uma simulação específica para você. Em seguida, você recebe a recomendação. Você pode entender a necessidade de alfabetização de dados aqui. E se você não conseguir ler bem o resultado ou não tiver ideia do que ele está fazendo? Confiará nas informações que estão sendo compartilhadas com você? Talvez sim, mas talvez não. Não precisamos fazer uma longa explicação sobre alfabetização de dados aqui, mas ter uma sólida confiança e compreensão da recomendação é fundamental para utilizá-la.

RESUMO

A análise prescritiva é o domínio dos robôs... mais ou menos. A análise prescritiva é a máquina fazendo grande parte do trabalho para nós, e, em seguida, pegamos esse trabalho e tomamos uma decisão. É isso, simples assim. Não complique demais. Se você é um engenheiro de aprendizado de máquina ou trabalha com IA em um espaço muito técnico, é claro que precisa saber mais do que escreverei neste livro. Contudo, para a grande maioria das pessoas, o importante é entender o que é análise prescritiva e poder utilizar os resultados para tomar uma decisão. Espero que isso tenha esclarecido um pouco a análise prescritiva para você.

RESUMO DO CAPÍTULO

Espero que com este capítulo você tenha uma compreensão mais sólida dos quatro níveis de análise. Mas vamos deixar claro qual é o objetivo final. Não queremos apenas um insight interessante de uma análise diagnóstica. Não queremos apenas uma visualização de dados incrível de uma análise descritiva.

Não queremos apenas uma previsão interessante de quem devemos escalar como titular em nossa liga de *fantasy football* (temos de tomar a decisão de escalá-los, certo?). E não queremos apenas receber uma análise prescritiva interessante e depois não tomar uma decisão com ela.

O principal objetivo dos dados e da análise é a tomada de decisão fundamentada. É isso aí. Até que ponto você se sente confortável com os quatro níveis de análise para tomar uma decisão? Você está confortável? Se não, espero que este livro o deixe mais à vontade. Além disso, utilize o poder da alfabetização de dados para ajudar em seu preparo. No entanto, uma palavra de cautela: não deixe de lado os quatro níveis de análise. O que quero dizer com isso?

A Forrester definiu, em 2007, a análise prescritiva como um guarda-chuva para a análise, em vez de um tipo específico de análise.[5] Não sei se concordo totalmente com essa definição, pois acho que há muitas coisas que a delimitam, mas podemos tirar uma conclusão disso. Os quatro níveis de análise trabalham juntos. Você pode ter uma análise preditiva mostrada em uma visualização de dados, ou seja, uma análise descritiva. No estudo da Forrester, é possível ver que a análise prescritiva pode impulsionar a análise diagnóstica e ser usada em todos os níveis de análise. De modo geral, os quatro níveis de análise trabalham juntos e podem fazer parte um do outro.

Para os fins deste livro, delinearemos os quatro níveis de análise. Falaremos sobre as técnicas que funcionam dentro dos quatro níveis e sobre conjuntos de habilidades e funções que fazem parte dos quatro níveis. O livro orientará o que as pessoas podem fazer em cada um deles. Além disso, falaremos sobre os quatro níveis de análise como parte do quebra-cabeça holístico que as organizações podem montar para obter maior sucesso com a análise. Ter um bom entendimento de cada um dos níveis e de sua função neles pode ser fundamental para sua alfabetização de dados e seu sucesso analítico.

DEFINIÇÕES E CONCLUSÕES DO CAPÍTULO

- **Análise descritiva:** esse é o "o quê". O que está acontecendo, o que aconteceu e o que pode acontecer. Pense nisso como uma análise observacional — você está observando algo.
- **Análise diagnóstica:** pense nisso como o nível "por que" da análise. Por que algo aconteceu? Aqui estamos usando a análise para descobrir o porquê das coisas.
- **Análise preditiva:** pense nisso como o que pode acontecer. Aqui estamos utilizando a análise para fazer previsões. Queremos progredir e utilizar a análise preditiva a partir dos níveis "o que" e "por que", descritivo e diagnóstico.
- **Análise prescritiva:** esse é o domínio das máquinas. É o aprendizado de máquina, a inteligência artificial. A análise prescritiva será o que as máquinas nos dirão para fazer.

NOTAS

[1] Harris, B. (2018) A sabermetric primer: understanding advanced baseball metrics, *The Athletic*, https://theathletic.com/255898/2018/02/28/a-sabermetricprimer-understanding-advanced-baseball-metrics/ (arquivado em https://perma. cc/3VJM-RHC5).

[2] Gartner (s.d.) Diagnostic Analytics, https://www.gartner.com/en/informationtechnology/glossary/diagnostic-analytics#:~:text=Diagnostic%20Analytics%20Diagnostic%20analytics%20is%20a%20form%20of,as%20drill-down%2C%20 data%20discovery%2C%20data%20 mining%20and%20correlations (arquivado em https://perma.cc/ZK8L-ALC4).

[3] SAP (nd) What is predictive analytics? https://www.sap.com/insights/what-ispredictive-analytics.html (arquivado em https://perma.cc/U4WM-EX8Q).

[4] Lawton, G. (s.d.) Prescriptive analytics, *TechTarget*, https://www.techtarget.com/ searchcio/definition/Prescriptive-analytics (arquivado em https://perma.cc/9WFU-CZAK).

[5] Gualtieri, M. (2017) What exactly the heck are prescriptive analytics? *Forrester*, https://www.forrester.com/blogs/17-02-20-what_exactly_the_heck_are_prescriptive_analytics/ (arquivado em https://perma.cc/T9D2-MJPD).

3

O poder da análise na tomada de decisão

Se estivéssemos sentados em uma sala e eu lhe perguntasse "Qual é o objetivo dos dados e da análise?", qual seria sua resposta? Essa é uma pergunta muito importante. Ao não compreender a finalidade e o objetivo dos dados e da análise, é muito possível perder-se no trabalho com dados e análise. Por isso, pergunto: qual é o objetivo dos dados e da análise? É construir visualizações de dados bonitas? É para comprar a ferramenta e a tecnologia mais recentes? Quer dizer, as ferramentas e tecnologias de dados e análise podem ser fantásticas, certo? Será que é para ter uma estrutura de governança de dados forte? É ter as melhores e mais sólidas arquitetura e engenharia de dados? Todas essas coisas podem ser boas quando feitas com a veia e a estratégia adequadas, mas não, nenhuma delas é o objetivo dos dados e da análise. O objetivo é nos capacitar e nos ajudar a tomar decisões. É isso mesmo. Muito simples e direto.

Receio que, ao longo dos anos, o propósito dos dados e da análise tenha sido perdido pelas pessoas, esquecido ou, em muitos casos, ignorado. O mundo dos dados e da análise está repleto de exageros e clichês. Podemos ver termos como IA, big data e até mesmo um que me é próximo e querido, alfabetização de dados, ganhando destaque e popularidade. O que isso significa? Digamos que significa que as pessoas se deixam levar pela excitação e pelas possibilidades de tudo isso, ficam entusiasmadas demais, e essas coisas não são usadas no contexto correto ou da maneira adequada. Deixe-me esclarecer: a IA, o big data, a alfabetização de dados, todos eles são importantes, mas precisam ser utilizados corretamente e no âmbito de uma estratégia de dados holística. Cada um deles pode fazer parte do processo de tomada de melhores decisões, mas as organizações e os indivíduos só precisam saber estrategicamente como fazê-lo corretamente (dica: este é um exemplo poderoso da necessidade de um diretor de dados e análise... se sua organização não tiver um, trabalhe para ajudá-la a obtê-lo).

Para nos ajudar a compreender a estrutura de tomada de decisões com dados, vejamos a Figura 3.1. Chamaremos essa figura de sequência de tomada de decisão baseada em dados.

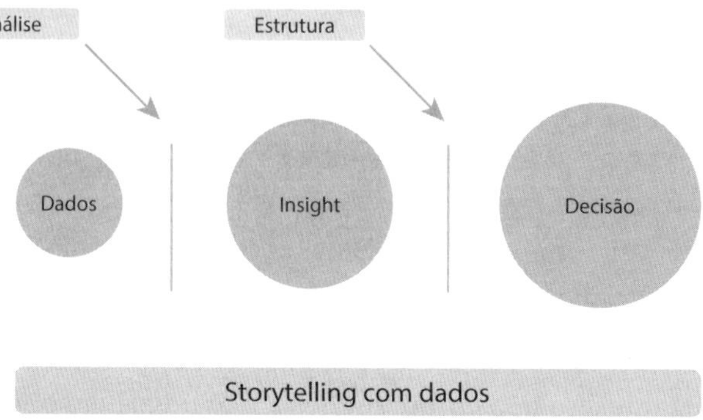

FIGURA 3.1: Sequência de tomada de decisão baseada em dados

Aqui temos a essência de uma organização ou indivíduo baseado em dados. Analisaremos cada uma das partes em mais detalhes, mas, começando pela esquerda, temos nossos dados. Os dados são o ponto de partida. Precisamos de dados bons, limpos e de qualidade. Precisamos de algo para transformar esses dados em insights. É aí que entra a análise. A partir da análise, podemos utilizar uma estrutura de tomada de decisões baseada em dados para chegar a uma decisão. Por trás de tudo isso, temos o mundo do storytelling com dados para ajudar a comunicar os dados, os insights e a decisão. Essa é uma forma simples e agradável de ver o processo do início ao fim. Analisaremos cada um deles mais detalhadamente.

DADOS

Dados são apenas dados, mas há um potencial de poder que reside neles. O back-end dos dados e da análise é muito, muito importante. Sem bons dados, como tomaremos boas decisões? Na vertente dos dados, temos as fontes de dados, os armazéns de dados, repositórios de dados, engenheiros de dados, tecnologia e quaisquer outras áreas que se encontrem ao longo do back-end dos dados. Atualmente, há muitos dados no mundo, e isso vai aumentar, mas deixe-me perguntar: o que importa é a quantidade de dados ou os dados certos?

A resposta pode parecer óbvia, pois é claro que o que importa são os dados certos. Mas a realidade é que podemos nos deixar levar pela enormidade de dados ou pelo custo barato de seu armazenamento e esquecer que o que realmente importa é como os dados estão nos ajudando a atingir nossas metas e nossos objetivos de forma mais eficaz. Essa é a chave. Isso é essencial em um processo geral de tomada de decisão orientado por dados. Ao procurar aproveitar o poder dos dados de forma eficaz, mantenha sua bússola focada no objetivo de usar os dados para ajudar você e/ou sua organização a atingir suas metas individuais ou organizacionais.

Não precisamos nos estender sobre os dados em si. Há muitos livros por aí sobre dados, arquitetura de dados etc. Então nos concentraremos agora em como dar vida aos dados para compreender seu potencial.

ANÁLISE

O título deste capítulo é "O poder da análise na tomada de decisões", então qual é o propósito da análise na tomada de decisão? Pensemos em algo com potencial aproveitado e pronto para ser usado, algo com poder dentro dele e que precisa de alguma coisa para ativar esse poder.

Para usar isso como uma história, deixe-me falar de uma de minhas montanhas-russas favoritas. Essa montanha-russa começa nivelada ao chão. Os ímãs se acendem, e a montanha-russa é impulsionada para a frente durante o percurso, subindo, descendo, girando e até mesmo virando de cabeça para baixo em um looping. Você espera na fila ou no vagão da montanha-russa enquanto ela é levada ao ponto de partida e, uma vez no ponto de partida, você ainda tem que esperar, há um potencial acumulado. Você tem a expectativa do que está por vir, talvez um pouco de nervosismo ou medo. Quando os ímãs são ativados, o carro é puxado para a frente rapidamente, e a viagem começa. Consideremos esses ímãs como os quatro níveis de análise.

Os dados são poderosos. Usar os dados corretos, conhecer os objetivos e as metas de negócios de sua organização e, em seguida, utilizar e potencializar esses dados a fim de que fluam para uma decisão pode ser incrível. Existem obstáculos no caminho? Sim, é claro, mas esperamos que não haja grandes solavancos em uma montanha-russa. Os dados são a antecipação, estão lá e precisam de ímãs para ganhar vida! Nas etapas da análise, eles acendem o fogo e fazem tudo fluir. Vamos falar rapidamente sobre cada nível da análise e como ela pode ajudar a moldar o processo de tomada de decisões.

ANÁLISE DESCRITIVA

A análise descritiva é uma parte essencial do processo de tomada de decisão. Quando pensamos em tomar decisões, precisamos estabelecer o que aconteceu ou está acontecendo. A análise descritiva pode definir o tom da decisão orientada por dados que queremos ou tomaremos. Se pensarmos nos processos de tomada de decisão que temos em nossa vida pessoal, descrições do que ocorreu ou da situação atual provavelmente são 1) um ponto de partida ou 2) uma parte da decisão. Vamos usar dois exemplos: comprar um carro e escolher roupas para viajar. Primeiro, comprar um carro.

Na minha família, estávamos querendo comprar um veículo novo para minha esposa. Temos uma família grande, com cinco filhos, então ter um carro que sirva para todos é mais difícil, pois limita nossas escolhas. Tínhamos um que servia para todos, mas minha esposa queria ter um novo veículo para a família, acho que com o objetivo de ter um veículo maior (talvez porque as crianças estivessem crescendo). Minha esposa estava pensando em um Suburban como a próxima compra. Mas aqui temos um aspecto descritivo em jogo: o carro que tínhamos não era suficiente em termos de tamanho para nossa família (o lado do diagnóstico será abordado daqui a pouco, e o motivo é porque a família estava crescendo).

Minha esposa é consciente em relação ao dinheiro quando se trata de uma grande compra como essa, e o preço do Suburban, outra peça descritiva, não a deixou animada. Ela esteve perto de comprá-lo, mas preferiu comprar uma van, que, para ela, não era tão sexy, mas era mais econômica para nossa família. Isso ficou mais evidente quando os preços dos combustíveis subiram muito em 2022 e não tivemos de abastecer aquele Suburban com gasolina.

O segundo tipo de descrição que quero abordar em uma decisão é a escolha de roupas para viajar. O que você usa para saber que tipo de roupa levar em uma viagem? Bem, talvez várias coisas, mas, neste caso, estou me referindo a um aplicativo de previsão do tempo. Podemos recorrer a um aplicativo para ver o tipo de clima de um local que visitaremos. Esse aplicativo pode nos mostrar as temperaturas que estão por vir, ou, se estivermos planejando com muita antecedência, pode ser um site que nos mostre a temperatura e o clima típicos daquela área no período que pretendemos visitá-la. Pode ser que estejamos indo para o Alasca em um cruzeiro — bem, talvez precisemos de casacos e capuzes, e não apenas de maiôs e chinelos. Talvez estejamos indo para a África em um safári e, para lidar com o calor, precisemos fazer as malas de acordo. Estamos usando o aplicativo para nos ajudar a tomar uma decisão sobre o que fazer. O aplicativo ou site utiliza descrições ou análises descritivas, e podemos fazer uma escolha.

Esses são exemplos de cenários da vida real de uso da análise descritiva ou coisas semelhantes para tomar uma decisão, mas e nos negócios?

Em sua linha de trabalho, você tem metas que contêm métricas ou KPIs? Você sabia que, nesse caso, está examinando a análise descritiva e como estamos usando o termo? Se estiver olhando para um painel de KPIs ou algo que descreva a semana ou o mês anterior, você está olhando para uma análise descritiva. Ela pode definir o tom para você em sua função e em seu trabalho. Essas análises descritivas estão lá para lhe contar o início da história. Elas lhe dizem o que está acontecendo. Mas, infelizmente, é nesse ponto que muitas organizações ficam realmente presas em nossa sequência de tomada de decisões. As organizações não estão conseguindo ir muito além da análise descritiva. Por que você acha que isso acontece?

Em primeiro lugar, dependemos muito de nosso instinto, de nossa intuição e do que achamos que é a resposta. Agora quero deixar extremamente claro: não queremos nos livrar do elemento humano no processo de tomada de decisão. O elemento humano, nosso instinto e nossa experiência são muito importantes, mas o que queremos fazer é combinar o elemento humano com o elemento de dados. Às vezes, o elemento de dados supera o elemento humano, e às vezes o elemento humano supera o elemento de dados, mas o trabalho conjunto dos dois é o que queremos alcançar com a alfabetização de dados, uma abordagem orientada por dados e a tomada de decisão. Em segundo lugar, que me desculpem as organizações, mas elas não são muito boas em ir além da análise descritiva. De fato, talvez nem sejam muito boas em análise descritiva. Mas a realidade é que se trata de uma jornada, e as organizações estão nessa jornada — trabalhando para serem orientadas por dados.

Com a análise descritiva em mente, falaremos sobre o segundo nível de análise em nossa sequência de tomada de decisão orientada por dados: a análise diagnóstica.

ANÁLISE DIAGNÓSTICA

Quando estamos no processo de tentar tomar uma decisão baseada em dados, saber o que aconteceu é importante, mas saber *por que* isso aconteceu pode ser o aspecto mais importante dos quatro níveis de análise para nos ajudar a tomar uma decisão baseada em dados bem-informada. Saber *por que* o gráfico de linhas subiu ou desceu, por que a análise descritiva tem a aparência que tem, são aspectos muito importantes para o trabalho que estamos fazendo em nossa sequência. Para mim, a análise diagnóstica é o aspecto mais importante dos quatro níveis de análise.

Em nossa tomada de decisão, quando estamos usando dados e análise para nos ajudar a tomar uma decisão mais inteligente e bem-informada, apenas saber o que aconteceu é uma coisa. Sabemos como foi o desempenho da campanha de marketing. Sabemos qual é nossa taxa de atrito com os funcionários. Sabemos como foi o desempenho da empresa em determinado trimestre. Todos esses "o quês" são importantes, não são? Mas vamos refletir e dar um passo além: saber o que aconteceu é muito importante para nossa estrutura de tomada de decisões. No fim das contas, a meta de nosso trabalho analítico e de dados, pelo menos em uma organização, é ajudar a organização a atingir suas metas e seus objetivos. Saber "o que" é bom, saber "por que" é melhor ainda. Vamos dar uma olhada em um exemplo hipotético: a renovação de um cliente para sua empresa.

Imagine que você trabalha e faz parte de uma empresa de customer success (sucesso do cliente); você é um gerente de customer success. Nessa função, você tem sua carteira de clientes, e um deles está prestes a ser renovado. Você deve apresentar a ele uma QBR (sigla em inglês para revisão trimestral de negócios) e, ao coletar dados sobre esse cliente e elaborar sua QBR, você percebe uma tendência alarmante: o uso do software de sua empresa pelo cliente está em baixa, e não é apenas uma coisa que você pode ver como alguma queda ou algo normal. Estamos falando de uma queda drástica. Isso aconteceu na metade do mês do trimestre anterior e continuou. Essa é uma tendência alarmante, e, com base em sua análise descritiva, isso possivelmente indicaria que a renovação desse cliente está em risco. O que você faz aqui? Prepara sua frente de batalha? Descobre um desconto que pode oferecer a ele? Cria incentivos para ele? Procura algum brinde para oferecer? Talvez essas sejam algumas das coisas que você faz, mas espero que primeiro dê um passo atrás e diga a si mesmo: "Bom, essa tendência é alarmante, então é hora de descobrir o motivo."

Esse "por que" pode salvar sua renovação. É hora de se aprofundar e fazer algumas análises diagnósticas. Você tem sua análise descritiva à sua frente, é hora de descobrir algumas coisas. Aqui estão algumas possíveis perguntas que você poderia fazer a si mesmo para ajudar no processo de investigação:

- Esses dados têm uma queda drástica; será que algum de meus outros clientes teve uma queda no uso que espelha o que está acontecendo aqui? Talvez, se isso for observado em outros clientes, não seja um problema do cliente, mas um problema de dados. Se esse for o caso, você pode trabalhar com a equipe de back-end de dados para limpar os dados e ajudá-lo a resolver o problema.
- Havia algo no contrato do cliente que poderia ter causado isso? Talvez o cliente estivesse em um programa de teste ou estivesse recebendo um bom desconto e, quando o desconto acabou, ele recuou.
- Alguma coisa aconteceu com esse cliente que fez com que houvesse uma queda? Houve reestruturação ou demissões que causaram isso? Ele teve alguma atividade na empresa que desviou a atenção dos funcionários de seu software enquanto isso acontecia?

Essas são apenas algumas perguntas, e tenho certeza de que muitas outras poderiam ser feitas; talvez você até tenha pensado em algumas enquanto lia. Cada uma dessas perguntas pode lhe dar mais trabalho, porém o investimento inicial pode compensar com grandes dividendos no final. E se você criasse um grande incentivo, oferecendo descontos etc., tudo porque viu a queda, apenas para descobrir que os dados no back-end tinham um problema e, assim que ele foi corrigido, os dados se normalizaram e voltaram aos números anteriores ao problema? Talvez você tenha passado tempo demais se preocupando quando, no final, era apenas um problema de dados. Ou, e se o cliente tivesse uma iniciativa interna em andamento que fizesse com que a força de trabalho caísse, mas tivesse um plano para retornar ao seu software quando a iniciativa fosse concluída? Uma pequena investigação com o cliente ou um melhor conhecimento do cliente poderia ter evitado muito trabalho para você.

Em seu processo de tomada de decisão, use a análise descritiva para dizer o que está acontecendo e, em seguida, use a análise diagnóstica para dizer por que isso está acontecendo. Em seguida, você pode fazer previsões, nosso terceiro nível de análise.

ANÁLISE PREDITIVA

A análise preditiva é um elemento fundamental para o processo de tomada de decisão: se fizermos isso, aquilo poderá acontecer. Parece uma decisão, certo? Ou parece uma decisão que poderíamos tomar. A análise preditiva é uma parte poderosa do processo de tomada de decisões. Infelizmente, acho que as empresas estão vivendo bem abaixo do poder analítico geral que poderiam ter em uma análise preditiva, porque talvez não se saiam muito bem em análises descritivas e podem realmente ter dificuldades em análises diagnósticas. Em meu trabalho, tenho visto muitas empresas, se não todas, terem dificuldades em uma perspectiva geral orientada por dados. Por que elas não estão conseguindo? Um dos principais problemas é a alfabetização de dados. Sem uma sólida alfabetização de dados permeando toda a organização, elas podem não atingir as metas finais que estão buscando. Não sei se encontrei uma empresa que se destaque nos três primeiros níveis de análise. Isso é um obstáculo para o processo geral de tomada de decisão baseada em dados.

Imagine novamente que você é gerente de customer success e descobriu por que houve uma queda drástica no uso do software: a empresa estava realizando uma grande iniciativa interna que estava tirando as pessoas de seu software. Isso lhe causa um suspiro de alívio, mas também faz com que sua mente trabalhe conforme aprende os detalhes: o que você poderia fazer pela empresa para ajudá-la nessa iniciativa? Você começa a analisar os dados e as informações que tem sobre a empresa, combinando-os com o conhecimento, o software e as informações de sua organização, e começa a encontrar algo no software que poderia ajudá-los na iniciativa. Você constrói uma história de dados para compartilhar com a organização e inicia conversas com ela, mostrando como pode ajudar.

Portanto, se você tivesse se apavorado com base na análise descritiva e presumido que a organização simplesmente não estava usando o software ou que havia algo errado, talvez tivesse feito uma previsão ou suposição errada. Em vez disso, você dedicou algum tempo, um elemento-chave do trabalho analítico, e chegou à raiz do problema, a análise diagnóstica. Em seguida, você encontrou uma solução para ajudar o cliente. Talvez isso tenha fortalecido a parceria e realmente melhorado o relacionamento, e a renovação será muito fácil.

ANÁLISE PRESCRITIVA

Ter uma máquina lhe dizendo o que fazer, soa como tecnologia futurista? Você tem medo que os robôs assumam o controle ou que o exterminador do futuro venha atrás de você? Bem, a realidade é que o aprendizado de máquina e a inteligência artificial são poderosos e podem nos ajudar em nossas habilidades de tomada de decisões baseadas em dados. Uma máquina tem a capacidade de fazer muito mais cálculos, e mais rapidamente do que nós. Se eu lhe der um complicado problema de matemática, talvez você leve algum tempo para calcular a resposta, mas e uma máquina? Ela provavelmente pode fazer isso muito mais rápido. Então, quando você pensa nisso em ordens de magnitude, a máquina pode nos ajudar a fazer muitos cálculos rapidamente. Pense na capacidade das máquinas de executar simulações e nos ajudar nos processos de tomada de decisão, como na área médica. As máquinas podem executar simulações de coisas novas que talvez levassem anos para serem feitas no passado, mas agora você pode executar as simulações rapidamente. Tony Robbins fala sobre isso em seu livro *Life Force* [sem publicação no Brasil].

Ter uma máquina como parte de seu processo de tomada de decisão pode ser um grande benefício. Você pode criar ou fazer com que se crie a análise descritiva, pode descobrir a análise diagnóstica, pode criar previsões e pode ter a ajuda da máquina ao longo do caminho. Como foi mencionado, a análise prescritiva pode realmente abranger os três primeiros níveis ao fazer essas coisas, mas eu a delineio de propósito neste livro.

Em geral, a análise prescritiva pode ser um grande impulso para seu processo de tomada de decisões, mas precisa fazer parte de uma estratégia de dados holística e do panorama como um todo.

ESTRUTURA, DECISÃO, STORYTELLING COM DADOS

Em seu livro *Turning Data Into Wisdom: How We Can Collaborate with Data to Change Ourselves, Our Organizations, and even the World* [sem publicação no Brasil], Kevin Hanegan apresenta "um processo de seis fases e doze etapas para ajudar pessoas em todos os níveis de uma organização a usar seus conhecimentos, habilidades e experiência para tomar decisões informadas por dados que podem ajudar a transformar suas empresas — e, às vezes, até mesmo o mundo".[1] As empresas precisam de estruturas ou, pelo menos, precisam saber como usar os dados a fim de criar insights para uma decisão. As organizações podem utilizar estruturas para que isso aconteça. O processo de Kevin é uma maneira de fazer isso, e eu incentivo as organizações ou indivíduos a estudarem essa ou outras estruturas de tomada de decisão, capacitando-se para saber o que fazer e como fazer. Não podemos simplesmente criar visualizações, encontrar insights e ficar presos, sem saber como tomar uma decisão. Precisamos tomar essas decisões, caso contrário para que estamos fazendo esse trabalho com dados?

Depois de tomar uma decisão, você precisa comunicá-la ou, se espera persuadir outras pessoas a tomar uma decisão, precisa ter uma boa capacidade de storytelling.

O campo do storytelling com dados é grande e tem se tornado cada vez mais importante. Precisamos de pessoas que consigam comunicar bem os insights que acharam; precisamos de pessoas que consigam persuadir e mostrar objetivamente o que precisa ser feito. Com a Nugit, aprendemos que o storytelling com dados é o final de sua análise, quando você completa uma história para comunicar a narrativa e as informações a um público específico.[2] Outra definição vem da Microsoft e nos diz que storytelling com dados é o compartilhamento de informações e de sua análise para convencer o público de algo.[3] Agora, acho que não precisam necessariamente ser dados e análises complexos, mas o ponto aqui é o mesmo.

Em geral, o storytelling com dados é uma maneira poderosa de transmitir sua mensagem, em todos os níveis de análise e em seu processo de tomada de decisão e comunicação. Utilize-o para compartilhar sua análise descritiva, sua análise diagnóstica, o porquê, suas previsões e o que as máquinas lhe disseram. Use o storytelling com dados para persuadir seu público, para ajudá-lo a ver o quadro completo e para ajudar você e todos os outros a tomarem uma decisão.

RESUMO DO CAPÍTULO

Em geral, os quatro níveis de análise são uma parte importante de um processo de tomada de decisão baseado em dados. Deve-se utilizar todos os quatro, quando necessário, para construir sua narrativa e contar sua história. O poder dos dados e da análise é importante em uma estrutura de tomada de decisões, mas lembre-se de que não é a única parte. Use a combinação dos elementos de dados e análise com o elemento humano para tomar decisões mais inteligentes e baseadas em dados.

DEFINIÇÕES E CONCLUSÕES DO CAPÍTULO

- **Tomada de decisão baseada em dados:** conceitualmente, é quando os dados nos ajudam a tomar decisões, e não quando eles são a única fonte que toma a decisão. Não queremos nos livrar do elemento humano, não. O que queremos fazer é conduzir as decisões usando dados e análise combinados com o elemento humano.

- **Sequência de tomada de decisão:** essa é a sequência que mostra os dados até a tomada de decisão. Primeiro, começamos com os dados. Os dados ganham vida por meio da análise para encontrar os insights. Em seguida, usamos uma estrutura para transformar esses insights em uma decisão. Por fim, precisamos de algo que ajude a comunicar a decisão à organização, e isso é o storytelling com dados. Cada indivíduo tem um lugar nessa sequência, você só precisa descobrir onde está.
- **Storytelling com dados:** é basicamente a comunicação dos dados e da análise, simples assim.

NOTAS

[1] Hanegan, K (2020) *Turning Data Into Wisdom*, https://kevinhanegan.com/ (arquivado em https://perma.cc/MU5R-TQ3Z).

[2] Nugit (nd) What is data storytelling? https://www.nugit.co/what-is-datastorytelling/ (arquivado em https://perma.cc/FMH4-7YG9).

[3] Microsoft (nd) What is data storytelling? https://powerbi.microsoft.com/en-us/data-storytelling/ (arquivado em https://perma.cc/J72S-EH89).

PARTE DOIS

Os quatro níveis de análise: definir, potencializar, entender e aprender

Aqui na Parte Dois, nos aprofundaremos de fato na essência deste livro e em seu propósito. Nós nos aprofundaremos nos quatro níveis de análise e ensinaremos sobre eles com mais detalhes. Nós vamos nos aprofundar nas diferentes funções e trabalhos que fazem parte de cada um deles. Ensinaremos técnicas sobre como se aprimorar nesses quatro níveis de análise. E mostraremos exemplos, bons e ruins, de todos os níveis. Com esta seção, espero que você tenha uma melhor compreensão dos quatro níveis de análise e aprenda maneiras de melhorar pessoalmente sua jornada de alfabetização de dados, descobrindo onde pode contribuir nos quatro níveis de análise.

4
Análise descritiva

O QUE É A ANÁLISE DESCRITIVA?

A análise descritiva já foi definida para você. É descrever coisas, é onde fazemos uma observação a partir dos dados. Vamos usar a Figura 4.1 para entender o continuum que são os quatro níveis de análise e, ao fazer isso, relembraremos a analogia do médico feita na Introdução.

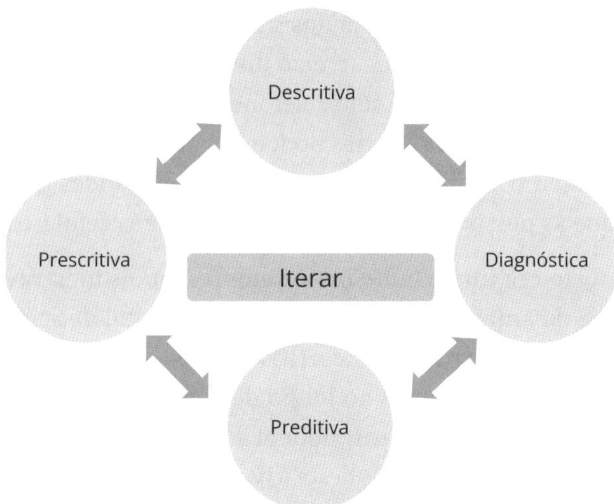

FIGURA 4.1: Os quatro níveis de análise

Se extrapolássemos a partir desse gráfico, começaríamos pelo topo — a análise descritiva é nosso ponto de partida. Por que isso acontece? A análise descritiva é a visualização de dados. Primeiro, deixe-me perguntar: quantos de vocês que estão lendo este texto gostariam de receber um enorme conjunto de dados no Excel para encontrar padrões e insights, com mais de 100 mil linhas de dados e mais de 50 colunas, e vocês teriam de fazer isso no data set, sem usar nenhuma outra ferramenta além da que está à sua frente? Se você é um dos que gostaria disso, melhor para você, mas a realidade é que usamos a análise descritiva para simplificar as coisas para nós. Começarei compartilhando alguns exemplos de análise descritiva.

TAXAS DE INADIMPLÊNCIA E AMORTIZAÇÃO

No início de minha carreira, tive a oportunidade de trabalhar em uma grande empresa de cartões de crédito. Uma das funções que assumi foi a de fazer análises descritivas das taxas de inadimplência e amortização. Na época, isso ocorreu pouco tempo depois da crise financeira imobiliária que deixou a economia dos EUA de joelhos. Na verdade, pode-se dizer que a economia ainda estava sentindo os efeitos do estouro da bolha imobiliária.

Em minha função, fui promovido e recebi a incumbência de entregar relatórios a líderes e pessoas de minha empresa, entre eles o diretor de riscos, uma pessoa muito inteligente e brilhante... e, sim, intimidadora. Um dos relatórios era uma grande apresentação em PowerPoint, com mais de setenta slides, acredito, sendo que a maioria dos slides tinha pelo menos um gráfico. Sim, bem grande. Em primeiro lugar, eu o dividi em seis gráficos totais que as pessoas poderiam visualizar em seus telefones. Cada um de nós pode dar um passo atrás e se perguntar se as coisas podem ser feitas melhor. Eu o incentivo a fazer isso com seu trabalho. Sim, de mais de setenta slides para um total de seis gráficos que as pessoas podiam visualizar em seus celulares.

Esse relatório era importante para a empresa, pois mostrava as taxas de inadimplência e de amortização. No fim, criei um total de seis gráficos com dois níveis de análise dentro deles: descritivo e preditivo. Com isso em mente, mantenha em seus pensamentos ao longo deste livro como os quatro níveis de análise podem trabalhar juntos, podem ser vinculados e podem mostrar determinadas coisas. Uma análise descritiva pode ser uma análise preditiva, já que você está descrevendo a previsão para o futuro. Além disso, tenha em mente o quanto essas coisas são legais e o quanto podem ser poderosas.

Os seis gráficos que criei eram descritivos para os líderes da empresa e deveriam ter capacitado os usuários finais a ver as tendências até o final do mês. Destacarei um aspecto importante aqui que trata da alfabetização de dados e dos 3 Cs da alfabetização de dados: por favor, não apenas herde seu trabalho e aceite-o como está. Sim, ele pode ser feito de uma forma eficaz e poderosa, mas seja criativo (um dos 3 Cs da alfabetização de dados) e veja se há outras maneiras de fazê-lo. Eu herdei esse relatório, e ele era um arquivo do Excel vinculado ao arquivo do PowerPoint.

Se eu acidentalmente desvinculasse o arquivo do Excel do arquivo do PowerPoint, sim, eu o estaria vinculando novamente. Mostrei ao meu vice-presidente sênior, que continua sendo um dos maiores líderes para quem já trabalhei. Ele viu o que eu tinha feito e me disse para enviar o relatório aos líderes. Seja criativo. Como adultos, ficamos presos ao fato de simplesmente pegarmos o que temos pelo valor de face e seguirmos com isso. Não faça isso. Pense criticamente (outro C de alfabetização de dados) e seja curioso (o C final), encontre novas maneiras de fazer as coisas. Não me lembro exatamente de como me senti, mas aposto que me senti muito bem ao mudar a entrega de um grande PowerPoint para um subconjunto menor de gráficos que criei e, depois, enviá-los.

MÉDIA MENSAL DE USUÁRIOS

Outra área que as organizações, e especificamente em minha função na análise descritiva, estão procurando são as empresas de software, e as pessoas querem saber a média mensal de usuários. Essa métrica pode ser definida de diferentes maneiras, dependendo da empresa. O que significa um usuário médio mensal? Eles precisam passar um determinado período de tempo no aplicativo para serem considerados usuários ativos? Essa métrica pode ser definida de formas diferentes. Esse tipo de análise descritiva pode ser mostrado e descrito de várias maneiras. Você quer apenas saber o número? Quer visualizá-lo ao longo do tempo? Dividir por dados demográficos?

Agora, algo óbvio que quero destacar, e aposto que esse erro acontece com mais frequência do que imaginamos, é que a análise descritiva é apenas o ponto de partida. A pergunta deve ser mais sobre o comportamento da análise descritiva, e não apenas sobre a análise descritiva em si. Se observarmos as tendências da análise descritiva e a média mensal de usuários, mas não perguntarmos "por que" as coisas estão indo na direção em que estão, qual será o verdadeiro valor que está sendo agregado? Receio que a análise descritiva esteja aquém do que ela pode oferecer às organizações. Ao usar uma análise descritiva como essa, certifique-se de que você realmente sabe por que está procurando por ela ou a está usando como uma métrica, e não apenas para mostrar números. O fato de a média mensal de usuários ter aumentado não significa que alguma iniciativa tenha funcionado. Não confunda correlação com causalidade, uma frase conhecida que você pode ter ouvido em estatísticas ou em dados e análise.

CLIMA

Este é um que eu uso muito, mas que deve ser familiar para a maioria de nós, se não para todos: o clima. Utilizamos aplicativos relacionados ao clima ou olhamos para o clima com frequência. Na verdade, às vezes podemos olhar para fora e criar análises descritivas só de observar, mas não se engane se o dia estiver ensolarado e presuma que está quente. Onde moro, pode estar ensolarado e frio. Mas a premissa é a mesma. Você olha para seu telefone e vê a análise descritiva. Essas análises descritivas podem, na verdade, ter modelos complexos por trás, mas o bom é que nós, como receptores dessas informações, não precisamos ter o modelo complexo, apenas o resultado.

Dentro de modelos complexos, é possível ter todos os quatro níveis de análise presentes, e então você — sim, você, que pode não se sentir o mais alfabetizado em dados — é alfabetizado em dados e pode interpretar as informações que lhe são fornecidas para tomar uma decisão fundamentada sobre como lidar com o clima. Acho que isso é algo que não deve ser perdido. Todos nós somos alfabetizados em dados, todos nós, e todos temos a capacidade de decifrar dados e informações e usá-los em nosso benefício. Podemos até olhar para as crianças e ver como elas interpretam as informações e podem tomar decisões com base nelas. As crianças são um ótimo exemplo devido à sua curiosidade natural (a curiosidade pode ser a coisa mais importante em dados e análise, ponto-final). Use suas habilidades de alfabetização de dados em todos os quatro níveis de análise, avançando e tomando decisões.

AMOSTRAGEM

Aqui está algo que você provavelmente também vê com frequência e que é fundamental para a análise descritiva: amostragem. A amostragem envolve a utilização de uma amostra representativa e, em seguida, o uso dessas informações para extrapolar ou projetá-las em amostras maiores. Um dos modos mais famosos de ver isso é nas pesquisas eleitorais. Vemos previsões sobre os candidatos e quem deve vencer. No entanto, para isso, precisamos utilizar outra habilidade da alfabetização de dados: o ceticismo. As pesquisas nem sempre estão corretas, e temos exemplos disso. Devemos questionar as coisas, com certeza, e nos certificar de que estamos utilizando as informações, estudando e pensando criticamente sobre a pesquisa e, depois, tomando decisões bem fundamentadas.

No próximo capítulo, falarei mais sobre como nós e as organizações estamos usando a análise descritiva, mas agora falaremos sobre as funções que estão envolvidas na análise descritiva.

FUNÇÕES

No mundo dos dados e da análise, são muitos os tipos de funções que as pessoas podem assumir em uma organização. O que é um analista de dados? Um analista de negócios é o mesmo que um analista de dados? O que é um cientista de dados? Como ele se diferencia de um engenheiro de dados? Há uma confusão em torno das funções, ou, melhor dizendo, uma falta de compreensão. Isso pode causar problemas de vários tipos. Primeiro, se você é um líder de contratação e acha que sabe, mas talvez não saiba, e contrata alguém para uma função específica, o que acontece se o resultado não for o desejado? E se você não estiver caminhando em direção aos seus objetivos da maneira que esperava? Acho que, ao longo dos anos, os cientistas de dados foram contratados com expectativas irrealistas, o que não é justo para aqueles que ocupam essas funções. Outra confusão pode ser para a pessoa que está procurando emprego. E se um emprego for publicado de uma forma e a pessoa achar que tem 25as habilidades necessárias para ele ou se der a si mesma um título, mas na realidade não estiver pronta para ele? Por fim, e se uma pessoa estiver buscando aprimoramento e requalificação, mas os títulos e as delimitações existentes não forem claros? Isso pode ser difícil para alguém que deseja melhorar suas habilidades, mas que está confuso ou não sabe quais são as funções e como deve abordá-las.

Em geral, as funções são importantes no mundo dos dados e da análise. Sim, há uma mistura de funções e sobreposição, mas é importante haver uma distinção clara entre elas ou quais habilidades podem ser usadas. Dito isso, como as funções afetam o mundo da análise descritiva? Bem, considerando que a análise descritiva é a primeira etapa do processo analítico, poderíamos fazer uma declaração geral e dizer que todas as funções fazem parte do mundo da análise descritiva, mas não faremos isso. Eu estaria prestando um desserviço a você, leitor. Em vez disso, entraremos em alguns detalhes sobre a análise descritiva e as funções que fazem parte dela. Observe que essa lista, obviamente, não é completa, mas nos levará ao lugar certo.

USUÁRIO FINAL OU COMERCIAL

Ok, talvez essa seja uma função abrangente, fora das funções profissionais de dados propriamente ditas. O que é um usuário final ou comercial? São as pessoas que usam os produtos e as peças que estão sendo criados pelos profissionais de dados. Nesse caso, são as pessoas que recebem as análises descritivas e as utilizam em suas funções. Pode ser um analista ou gerente de marketing, ou até mesmo um vice-presidente sênior de marketing que está recebendo o painel mais recente sobre sua última campanha. Pode ser um gerente de contabilidade, que analisa o balanço patrimonial ou as declarações de renda que foram preparadas. Pode ser a própria diretoria executiva, recebendo os KPIs, as métricas e os relatórios OKR (objetivos e principais resultados) atualizados. A realidade é que uma empresa ou um usuário final é um "não profissional de dados" que recebe as informações que lhe são fornecidas. Isso significa que eles mesmos não estão criando análises descritivas ou visualizações de dados? Não, claro que não — vamos explorar isso.

O usuário final ou o usuário comercial também pode ter recebido acesso aos dados e às informações, assim como a oportunidade de criar suas próprias visualizações e painéis. O mundo dos dados e da análise democratizou os dados, o que significa que esse mundo foi democratizado para os usuários finais e comerciais. Isso coloca os dados e as informações em mais mãos, que, por sua vez, você espera que possam fornecer cada vez mais insights e criatividade, trazendo à organização mais insights e melhores decisões. Espera-se que aqueles para quem os dados foram democratizados também sejam capacitados em seu aprendizado de alfabetização de dados, de modo que a organização esteja realmente obtendo valor com a democratização das ferramentas e da tecnologia.

De modo geral, o usuário final ou comercial é uma função muito importante na análise descritiva e nos dados e na análise em geral. A maioria dos funcionários de uma empresa não será profissional de dados e análise por título ou profissão, portanto eles serão os usuários finais ou comerciais. Um exemplo pode ajudar a ilustrar isso. Imagine que você tenha uma organização com 10 mil funcionários; quantos serão profissionais de dados e análise? Talvez 500? Poderia ser menos? Talvez mais? A premissa continua a mesma. Se a organização tiver 500 dessas funções, isso significa que 9.500 dos 10 mil não são esses profissionais. Eles serão a grande maioria dos usuários da análise descritiva. Certifique-se de que eles tenham alfabetização de dados ou confiança em sua alfabetização de dados. Para garantir a confiança na alfabetização de dados, eles podem avaliar a si mesmos e suas habilidades e, em seguida, preencher as lacunas por meio do aprendizado. Certifique-se de que eles possam usar os dados e democratizá-los com as ferramentas e a tecnologia adequadas.

ANALISTA DE DADOS

Muito bem, o analista de dados pode ser o profissional de dados mais difundido que existe, mas o que é um analista de dados? Os analistas de dados têm a função de ajudar a resolver os problemas. Eles ajudam a criar os painéis e as visualizações que os usuários finais estão usando para orientar a tomada de decisão. O analista de dados desempenha uma função absolutamente fundamental na criação de análises descritivas. Ele cria os painéis que mostram as tendências e os padrões e trabalha para encontrar essas tendências e esses padrões. E utiliza a análise descritiva para, em seguida, passar para a análise diagnóstica, que é o nível de insight da análise e o nível que considero mais importante.

De modo geral, o analista de dados desempenha um papel fundamental na análise descritiva, bem como nos dados e na análise em geral.

CIENTISTA DE DADOS

Um cientista de dados geralmente é visto como o profissional de dados mais avançado, e com razão. O cientista de dados deve fazer coisas mais complexas com os dados. Por definição, um cientista de dados é aquele que usa o método científico nos dados. Portanto, se estivermos examinando o nível básico de análise, que tipo de função desempenha um cientista de dados?

Se estivermos pensando nas coisas avançadas que um cientista de dados faz, um aspecto fundamental é a comunicação dos insights que ele encontra no trabalho avançado que realiza, e isso pode se resumir à criação e à comunicação adequadas usando a análise descritiva. Quantos de vocês entenderiam se um cientista de dados chegasse até vocês e começasse a falar usando jargões dos dados e da análise, usando termos e vocabulário que vocês não entendem? Ficariam olhando para ele sem entender nada? Seus pensamentos se voltariam para o último episódio de seu programa favorito a que acabou de assistir? Ou talvez, no meu caso, para a comida que eu gostaria de comer e/ou para uma pista em que eu gostaria de correr.

A capacidade de se comunicar com eficiência é essencial para a função de cientista de dados. A comunicação é uma das habilidades mais importantes em dados e análise, e também em nossas carreiras em geral. Uma maneira de fazer isso cada vez melhor é o uso da análise descritiva simplificada. Os cientistas de dados podem usar a análise descritiva para ajudar a conduzir e compartilhar as descobertas que fizeram. Não é necessário que um cientista de dados desenvolva e se comunique por meio do lado avançado das coisas. Em vez disso, ele deve procurar compartilhar insights e informações utilizando a análise descritiva, trazendo-a de volta ao simples. É engraçado como, muitas vezes, voltamos a fazer as coisas simples em dados e análise. Sim, os conjuntos de dados são enormes, as ferramentas e a tecnologia são poderosas, mas, no fim das contas, a abordagem simples é uma ótima maneira de levar as coisas até o fim.

De modo geral, um cientista de dados deve usar a análise descritiva em seu trabalho para ajudar a impulsionar e realizar um trabalho bem-sucedido em seu campo específico.

ENGENHEIRO DE DADOS E ARQUITETO DE DADOS

Pode-se perguntar: o que a análise descritiva tem a ver com um engenheiro de dados e um arquiteto de dados, já que eles trabalham no back-end da análise? São eles que estão criando os dados no back-end. A realidade é que um engenheiro de dados e um arquiteto de dados têm muito a ver com a análise descritiva e com todos os quatro níveis de análise.

As funções do engenheiro de dados e do arquiteto de dados são projetar a infraestrutura dos dados que alimentarão a análise de front-end. Portanto, é essencial manter essas funções no lugar para garantir que os dados de back-end sejam criados de maneira adequada e possam ser utilizados para impulsionar a análise de front-end. Não subestime a importância desse conjunto de funções, porque elas estão no back-end. Essas funções são essenciais.

LIDERANÇA

Qual é o papel da liderança e da análise descritiva? Ela é fundamental em todos os aspectos da análise, pois a liderança solicitará trabalhos que exigem análise descritiva. Se pensarmos na liderança de uma organização, ela pedirá coisas sob a perspectiva dos dados e da análise. Como a liderança está solicitando dashboards, relatórios, informações sobre os KPIs que foram implementados, como foi feita a campanha de marketing e como, possivelmente, haverá muitas outras perguntas, a análise descritiva pode desempenhar um papel fundamental na obtenção das respostas que a liderança precisa.

FERRAMENTAS E TECNOLOGIAS

O mundo dos dados e da análise está repleto de ferramentas e tecnologias poderosas. E quero dizer repleto mesmo. Sinto que novas ferramentas estão surgindo o tempo todo. Há muitas ferramentas que são poderosas e ótimas para serem utilizadas em análises descritivas — citarei algumas.

MICROSOFT EXCEL

Acho que o Excel é menosprezado no espaço de dados e análise, mas ele também pode ser a ferramenta de dados mais utilizada no mundo. Para a análise descritiva, você pode usar o Excel a fim de criar tabelas simples de dados, pode usá-lo para criar visualização de dados ou pode usar seu recurso estatístico. Não subestime seu poder de criar análises descritivas. Com isso em mente, observe que há muitas ferramentas que visualizam os dados de maneira mais avançada (como Tableau e Qlik), mas não perca a oportunidade de criar análises descritivas rápidas no Microsoft Excel.

FERRAMENTAS DE BUSINESS INTELLIGENCE

As ferramentas de business intelligence são algumas das ferramentas mais poderosas disponíveis para análise descritiva. Ferramentas como o Tableau têm um grande e dedicado número de seguidores. Outras ferramentas, como o Microsoft PowerBI e o Qlik, são muito bem avaliadas. Há ainda outras, como Alteryx e ThoughtSpot. Essas ferramentas podem ser utilizadas para visualizar e criar análises descritivas.

Uma advertência que gostaria de fazer aqui: as visualizações de dados não devem ser vistas como o objetivo final dos dados e da análise. Acho que isso faz sentido, mas, em muitos casos, é dada tanta ênfase às visualizações de dados que o restante dos dados e da análise é esquecido. Devemos nos lembrar de que as visualizações de dados são uma parte importante dos dados e da análise, mas não são o objetivo final. A visualização de dados deve estar lá para ajudar os usuários finais a obter o insight de que precisam para fazer melhor seu trabalho.

RESUMO DO CAPÍTULO

A análise descritiva é poderosa e necessária no mundo dos dados e da análise. Precisamos nos lembrar de que esse é o início do processo analítico, e não onde devemos parar. É bom entender o que está acontecendo, mas, se pararmos por aí, não realizaremos todo nosso potencial analítico. No próximo capítulo, examinaremos diferentes organizações e setores para que você possa ter ideias de como utilizar a análise descritiva de forma mais eficiente.

DEFINIÇÕES E CONCLUSÕES DO CAPÍTULO

- **Funções:** há muitas funções dentro dos dados e da análise, que definirei a seguir. Lembre-se de que você não precisa ser a pessoa mais avançada ou técnica em dados e análise. Em vez disso, descubra suas habilidades e o que você precisa fazer em termos de alfabetização de dados.
- **Analista de dados:** pense nisso como o primeiro nível técnico ou profissional do especialista em dados e análise. Basicamente, um analista de dados é alguém que pode criar ou interpretar visualizações de dados; ele pode ter algumas habilidades importantes em dados e análise, mas não pode executar análises avançadas.
- **Cientista de dados:** esse é um profissional mais avançado em dados e análise. Pode ser alguém que codifique mais e execute estatísticas com os dados.
- **Engenheiro:** mantive apenas como engenheiro. Poderia ser "engenheiro de dados" ou "engenheiro de aprendizado de máquina". Pense nesses indivíduos como engenheiros de dados ou de análise. Eles são mais avançados em suas habilidades de dados e análise.
- **Liderança:** essa pode parecer uma função interessante dentro dos dados e da análise, mas a liderança desempenha um papel fundamental. Essa função pode ser o investimento ou a adesão, mas um líder precisa ter habilidades de alfabetização de dados e executar a estratégia.
- **Usuário final ou comercial:** um usuário final ou comercial é aquele que usa os dados e pode não ser técnico. Pelo contrário, essa é uma área fundamental para a alfabetização de dados em uma organização.
- **Análise descritiva:** o primeiro nível de análise que informa às pessoas o que está acontecendo. Isso pode ser encontrado em visualizações de dados ou dashboards, data stories ou relatórios. Na verdade, você pode encontrar a análise descritiva em várias formas.
- **Ferramentas de business intelligence:** pense nas ferramentas de business intelligence como ferramentas tipo o Microsoft Excel ou uma ferramenta de visualização de dados como o Tableau — uma ferramenta que pode ajudá-lo a desenvolver análises descritivas.

5

Como a análise descritiva é usada hoje?

Neste capítulo, veremos como a análise descritiva é usada atualmente. Analisaremos mais detalhadamente as ferramentas que capacitam esse nível analítico. Daremos uma olhada na "democratização de dados", que, sim, é um termo grande, mas tem um conceito simples, embora seja difícil de implementar bem. Esperamos que, ao longo deste capítulo, você compreenda melhor a análise descritiva e que ela possa ajudá-lo a ter algumas ideias de como você, sua equipe e/ou sua organização podem usar esse nível de análise ainda melhor. Comecemos com este termo: democratização de dados.

DEMOCRATIZAÇÃO DE DADOS

Democratizar os dados significa fornecê-los às massas, permitindo que as pessoas tenham a capacidade de ter dados e usá-los em suas funções. Espera-se que, por meio da democratização de dados, ao fornecê-los às massas, obteremos mais insights e teremos mais olhos sobre eles, o que nos proporcionará melhores dados e melhor trabalho analítico. Infelizmente, como você pode imaginar, apenas fornecer os dados às massas não significa que você terá mais insights, mais decisões etc. Esse mundo de alfabetização de dados é necessário para que a democratização de dados funcione bem. Pense em sua organização: quantos de seus colegas de trabalho que tiveram os dados democratizados estão confiantes em suas habilidades de alfabetização de dados? Quantos são profissionais treinados em dados e análise, prontos para lidar com os dados concretos e o trabalho analítico? A realidade é que esse é um sentimento agradável, mas você não pode simplesmente fornecer dados para as massas e, pronto, a mágica acontece — há mais do que isso. Mas a realidade é que a democratização de dados deve acontecer! Deveríamos fornecer dados para as massas e permitir que as pessoas se aprofundassem neles, encontrassem insights e tomassem decisões. A democratização de dados precisa vir da estratégia de dados da organização. A liderança precisa se apropriar da estratégia e do compartilhamento de dados, o que pode fazer parte da estratégia de dados por meio da governança de dados.

No mundo da análise descritiva, a democratização é poderosa e necessária. Compartilharei um exemplo de minha carreira em que democratizamos os dados e os colocamos nas mãos das massas. Ah, e outro termo que você pode ouvir sobre a democratização de dados é análise de autoatendimento. A análise de autoatendimento é como parece: o indivíduo se autoatende com os dados. Você é quem cria e conduz a análise. O Microsoft Excel é um exemplo de ferramenta que pode ser usada para análise de autoatendimento.

Em minha carreira, tive a grande oportunidade de testemunhar a democratização de dados e a criação da análise de autoatendimento. E nossa democratização de dados aconteceu puramente a partir de uma perspectiva analítica descritiva. Na função que assumi, meu trabalho era ajudar a liderar a criação dos dashboards que estávamos usando e treinar os usuários finais sobre como usá-los. Eu viajava para a sede de minha empresa para treinar e me reunir com as pessoas. Pelo que me lembro, parte desse trabalho era aprender e receber feedback, permitindo que eu e a equipe desenvolvêssemos os dashboards e os tornássemos mais eficazes.

O mais importante que fizemos foi criar e distribuir a partir de uma perspectiva de análise descritiva. Os usuários finais obtinham as primeiras informações iniciais e superficiais que levavam a unidade de negócios ou aqueles que eu estava ajudando a ter uma boa compreensão das coisas a partir de uma perspectiva de análise descritiva. O que ele não fazia era ajudar no lado do diagnóstico. Na verdade, foi nessa função que iniciei minha jornada de alfabetização de dados, mas contarei mais sobre essa história no próximo grupo de capítulos sobre análise diagnóstica.

Essa democratização de dados é uma parte essencial da estratégia de análise e dados organizacionais de uma empresa, mas devemos nos lembrar de que é apenas uma parte dela. As ferramentas, como o Tableau ou o Qlik, são formas poderosas de ajudar a democratizar os dados e a levar a análise descritiva para as massas. O motivo disso é que essas ferramentas simplificam os dados e podem ser aprendidas por todos. Esse é apenas o primeiro passo. Podemos nos perguntar: como as organizações podem, de maneira eficaz, democratizar a análise descritiva? Que medidas elas podem tomar para ajudar a levar a análise descritiva a todos? Aprenderemos um pouco sobre esse assunto em cada seção do livro. Uma das principais coisas que as organizações podem fazer nos quatro níveis de análise é democratizar esses níveis corretamente. Lembre-se de que isso faz parte de uma estratégia holística de dados e análise. Ela não está dividida igualmente nos quatro níveis em toda a organização, o que requer um entendimento adequado de como democratizar isso para as massas corretamente. Vamos nos aprofundar na democratização de dados dentro da análise descritiva.

DEMOCRATIZAÇÃO DA ANÁLISE DESCRITIVA — FERRAMENTAS E TECNOLOGIA

O mundo dos dados e das ferramentas analíticas é divertido, legal e poderoso. Mas também pode ser difícil, ter baixa adoção, levar as organizações a caminhos incorretos ou, na verdade, prejudicar a capacidade de ser realmente orientado por dados. Para começar, falaremos sobre a seleção de ferramentas.

O que deve orientar a seleção da ferramenta? É o vendedor que pode fazer a ferramenta prosperar e parecer incrível? É a melhor e mais recente tecnologia? Não, essas coisas são potencialmente legais e divertidas, mas a realidade é que elas não devem ser o fator determinante. Infelizmente, podem ter sido parte do processo de decisão no passado ou uma parte importante dele — e ainda podem ser para algumas pessoas e organizações atualmente. O que é então? A força motriz deve ser dupla: o conjunto de habilidades de sua organização na utilização de dados e análise e a estratégia de dados de sua organização. Vamos analisar cada um deles.

CONJUNTO DE HABILIDADES

Como o conjunto de habilidades de sua organização pode ajudar a orientar a seleção da ferramenta? Vamos associar isso a um esporte de que gosto: golfe. Quando se está começando e aprendendo, você sai e compra os tacos de golfe mais caros possíveis? Você acha que ter os tacos mais caros o tornará um jogador de golfe melhor? Espero que não! O problema não é o taco, mas o golfista. Dito isso, sim, tacos melhores podem ajudar. Em vez de sair e comprar o taco mais caro logo no início, talvez você comece com um conjunto para iniciantes ou com aqueles que funcionem. À medida que progride, você adquire tacos melhores, um putter [taco usado para rolar a bola até o buraco] melhor. Além disso, a paisagem em que você joga não será a mais difícil no início. Imagine levar um jogador de golfe iniciante a Pebble Beach ou ao Augusta National e dizer: "Aqui está, experimente." Primeiro, os campos podem não gostar de ter alguém que nunca jogou antes mexendo na grama. Na verdade, você pode desincentivar o novo golfista ao colocá-lo em um campo de golfe extremamente difícil. Em vez disso, inicie-o em campos simples, talvez apenas no range [local usado para treinar tacadas] por um tempo. Além disso, nós lhe daremos aulas para ajudá-lo a começar.

Dentro de dados e análise, faremos a mesma coisa. Primeiro, não compre o produto mais caro do mercado e diga: "Isso fará de você uma pessoa melhor em dados e análise." Você pode ensinar uma pessoa a usar a ferramenta, mas isso não significa que ela saiba como usar os dados. Lembre-se de que democratizar os dados não se trata de uma solução única para todos. Não, nem um pouco. As organizações podem ter várias ferramentas, mas, ao começar a trabalhar com dados e análise, ferramentas como o Microsoft Excel, o Google Sheets e o Tableau ou o Qlik são ótimas. Ajude a pessoa a aprender a criar análise descritiva usando ferramentas que atendam a seu conjunto de habilidades e necessidades. Se a pessoa nunca fez nenhum tipo de análise de dados, tudo bem, deixe-a começar a usar o Microsoft Excel ou o Google Sheets. Se ela nunca tiver feito visualização de dados, você também pode usar essas ferramentas ou o Tableau ou o Qlik. A realidade é que existem ferramentas para que elas comecem. Não se precipite em dar a um indivíduo o aprendizado de máquina quando ele nunca construiu um dashboard.

Em segundo lugar, da mesma forma que não pediremos a um jogador de golfe iniciante que comece nos cursos mais técnicos e avançados, não peça a um novato em dados ou a alguém que não esteja avançado em sua jornada de dados e análise que comece com ciência ou engenharia de dados complexos. Em vez disso, ajude-o colocando-o no espaço certo para ter sucesso com a análise de dados. Talvez seja a análise exploratória. Esse é um lugar poderoso para utilizar a análise descritiva. Se você quiser fazer com que as pessoas utilizem as ferramentas e a tecnologia certas, peça aos mais novos que implementem a análise descritiva. Peça-lhes que criem um painel ou visualizem dados. Peça que criem uma tabela dinâmica ou analisem dados, mas que criem análises descritivas para começar.

Agora, como você tem indivíduos em diferentes partes do espectro de dados e análise, em que eles têm habilidades individualizadas e capacidades diferentes, democratize as ferramentas e as tecnologias de acordo com isso. Não queremos colocar ferramentas simples nas mãos do profissional de dados e análise avançado e não queremos colocar ferramentas avançadas nas mãos daqueles que estão nos estágios iniciais do trabalho de dados e análise. Você pode ver como a análise descritiva pode ser utilizada e capacitada em uma organização, mas em níveis diferentes. É aqui também que a alfabetização de dados entra em cena e a capacidade dos indivíduos de ser fluentes em dados é importante, pois eles podem falar e trabalhar com uma abordagem holística dos dados em toda a organização.

Aliado aos conjuntos de habilidades que sua organização tem, outra maneira de democratizar os dados e as ferramentas e tecnologias analíticas é por meio da estratégia de dados da organização.

ESTRATÉGIA DE DADOS

Dentro das organizações, a realidade é que uma estratégia de dados deve orientar o trabalho de dados e análise — sim, os quatro níveis de análise. Quando pensamos no primeiro nível, a análise descritiva, a estratégia de dados deve ajudar a orientar a seleção de ferramentas que são utilizadas para ajudar a atender à necessidade analítica descritiva e às necessidades da estratégia de dados como um todo. É assim que é feito sempre?

Gostaria de dar crédito e o benefício da dúvida às organizações e aos indivíduos. Acredito que muitas organizações tentaram utilizar uma estratégia, embora às vezes não da maneira correta, em relação a ferramentas e tecnologias para análise descritiva e estratégia de dados como um todo. Sinto que, às vezes, nós, como indivíduos e organizações, ficamos encantados com as últimas tendências, com o objeto brilhante que é apresentado à nossa frente. Confie em mim, esses objetos brilhantes podem parecer absolutamente incríveis. Quando uma ferramenta de análise descritiva é colocada à nossa frente, tem uma aparência incrível e é bem executada, uma bela visualização é apresentada, os dados são capturados de forma fácil e eficaz, e queremos que isso ocorra com nossos dados e com as necessidades que temos. O problema é que isso não funciona dessa maneira e nem de forma integrada. Em vez disso, quando tentamos implementar a ferramenta de forma eficaz em nosso lado, nos deparamos com obstáculos e outros problemas. É assim que ela funciona. Dito isso, usar nossa estratégia de dados para escolher com eficácia as ferramentas que usaremos para capturar a análise descritiva e os quatro níveis de análise como um todo pode ser uma maneira eficaz de implementar a ferramenta com sucesso. Sim, haverá solavancos e contusões ao longo do caminho, o que provavelmente é um destino inevitável com dados e análise, mas podemos usar a estratégia para selecionar a ferramenta de forma mais eficaz. O motivo pelo qual a estratégia ajuda é que ela nos permite saber se precisamos de uma ferramenta de visualização, uma ferramenta para ajudar na codificação ou uma ferramenta avançada para aprendizado de máquina ou outros dados e análise avançados.

Com a análise descritiva, precisamos de uma ferramenta eficaz que as massas possam utilizar para nos ajudar a alcançar nossa estratégia de dados, que existe para nos ajudar a alcançar nossa estratégia comercial ou organizacional. Portanto, se você estiver encarregado de escolher uma ferramenta para ajudá-lo a realizar a análise descritiva, dedique o tempo necessário para atingir seu objetivo de escolher a ferramenta certa. Não caia na paralisia da análise, em que ficamos presos à análise de ferramentas repetidas vezes. Há muitas ferramentas de dados e análise no mercado, e há muitas ferramentas de análise descritiva, como uma ferramenta de visualização de dados, por exemplo o Tableau ou o Qlik. Podemos passar muito tempo olhando para elas. Em vez disso, investigue as ferramentas e as empresas, faça perguntas profundas sobre a capacidade delas de ajudar as massas a impulsionar a análise descritiva. Então, quando você se sentir confortável por ter encontrado a ferramenta certa que atenderá à estratégia de dados da sua organização, avance com ela. Forneça o treinamento e o acesso corretos à ferramenta. Ajude a organização a obter o sucesso certo com a ferramenta e a tecnologia que você adquiriu, atingindo o primeiro nível de análise.

ANÁLISE DESCRITIVA — VISUALIZAÇÃO DE DADOS

Uma das formas mais comuns de apresentação da análise descritiva no mundo atual é por meio da visualização de dados. O Tableau define a visualização de dados como a visualização de elementos de dados em diferentes tabelas e gráficos, simplificando-a para usuários não avançados.[1]

Essencialmente, a visualização de dados é uma maneira de visualizar os dados. Ok, podemos seguir em frente agora, é simples assim. Na realidade, a visualização de dados é uma maneira simples de visualizar a análise descritiva e os dados em geral. Você gostaria de ser solicitado a examinar uma tabela de dados com 100 mil linhas e 20 colunas? Não? Por que não? Já imaginou se esse fosse seu trabalho? Essa seria uma maneira muito difícil de conduzir o trabalho analítico. Na realidade, isso não é eficiente nem eficaz. Em vez disso, queremos utilizar ferramentas e métodos para conduzir a análise descritiva de uma forma que possa ser facilmente consumida pelas massas. É aí que reside o poder da visualização de dados. Na realidade, a análise descritiva é utilizada e desenvolvida de forma poderosa com a visualização de dados.

DASHBOARDS

Uma das principais formas de utilização da visualização de dados para derivar e compartilhar análises descritivas é por meio de dashboards. Os dashboards são visualizações de dados, usando diferentes gráficos e telas ou áreas para mostrar o gráfico, contar uma história e/ou transmitir diferentes indicadores e/ou métricas importantes de desempenho. Com que frequência você vê dashboards em uma organização ou na vida? Com que frequência vê uma apresentação compartilhada com você para transmitir uma mensagem? Pense na notícia em si. Pode não ser um dashboard extenso com muitas visualizações, mas talvez possamos chamar um gráfico de dashboard simplificado utilizado para compartilhar conosco algum tipo de notícia ou informação.

Quantos dashboards você vê diariamente? Para mim, com minha ultramaratona e exercícios, vejo um dashboard diretamente no aplicativo de meu telefone. Em sua carreira, pense em quantos dashboards e visualizações de dados você vê. Cada um deles contém análises descritivas. Que maneira poderosa de uma empresa organizar e utilizar concretamente a análise descritiva para os fins pretendidos!

VISUALIZAÇÃO ESTÁTICA DE DADOS

O que quero dizer com "visualização estática de dados"? Pense comigo sobre a pandemia por um minuto. Não estávamos vendo ou utilizando dashboards enormes todos os dias. Em vez disso, fomos bombardeados pela visualização de coisas relacionadas à Covid-19. A visualização estática de dados é uma maneira eficaz de transmitir uma mensagem de forma rápida e sucinta. Isso é algo que você, pessoalmente, e sua organização devem fazer com eficiência. Aqui estão alguns exemplos de visualizações estáticas de dados que você pode utilizar em sua carreira:

- **Vendas atuais por representante em relação às metas para cada representante.** Ora, as organizações provavelmente têm dashboards mais robustos quando se trata de vendas, mas e se você quiser apenas uma visão rápida de sua equipe de vendas e de onde ela está no período de tempo determinado que você está medindo? Uma visualização estática de dados analíticos descritivos é uma maneira poderosa de um líder de vendas ver rapidamente como sua equipe está se saindo.

- **Cliques em campanhas de marketing atuais.** Você trabalha em uma empresa de marketing? Gosta de relatórios robustos sobre as campanhas? Bem, se não gosta, espero que possa gostar. Em vez disso, e se estiver analisando as taxas de cliques e quiser executar uma curta campanha de mídia social para ver se consegue um aumento rápido? Você precisa de um vasto dashboard ou um visual rápido seria suficiente? Nesse caso, uma visualização rápida de qualquer tipo pode ser tudo o que é necessário.
- **Cenários do tipo pandêmico.** Nem é preciso dizer, mas os recursos visuais que vemos diariamente podem ser poderosos para nos fornecer informações rápidas.

Com a visualização estática de dados, precisamos garantir que, se formos nós que a criarmos, estaremos construindo-a com pontos de vista objetivos. Podemos dizer que as visualizações únicas são poderosas e eficazes em seu uso, mas também precisamos entender que, às vezes, elas são mal utilizadas e não são feitas a partir de uma perspectiva objetiva.

STORYTELLING COM DADOS

Storytelling com dados é um aspecto muito popular e amplo do espaço de dados e análise, com livros escritos sobre ele. Não farei um livro completo sobre isso aqui, mas direi que o storytelling com dados está presente em todos os quatro níveis de análise. Darei minha definição de storytelling com dados e, em seguida, explicarei como ele desempenha um papel na análise descritiva. O storytelling com dados é uma maneira eficaz de se comunicar com os dados por meio do uso de visualizações e análises, assim como ajuda a impulsionar o insight obtido. É também uma maneira eficaz de dar vida aos dados e à análise, vinculando-os às metas e aos objetivos organizacionais. Agora, como ele lida com a análise descritiva?

A análise descritiva é a base e o início de um story de dados. No nosso caso, pense em um story de dados como um "o que", um "por que" e talvez compartilhando o "como". No nosso caso, a análise descritiva precisa ser a visualização de dados ou os dados descritivos que mostram o que está acontecendo. Utilize a análise descritiva como uma forma de mostrar à pessoa que está lendo o story de dados sobre o "como".

As empresas estão cada vez mais buscando o storytelling com dados, mas quero expandir isso e não dizer apenas storytelling com dados. Acho que as empresas estão considerando a comunicação dentro da profissão de dados e análise como um princípio fundamental e algo que precisa ser feito de forma eficaz.

EXEMPLOS DE MERCADO

Para encerrar este capítulo sobre como a análise descritiva é usada atualmente, quero compartilhar alguns exemplos que talvez possam despertar ideias em sua mente sobre como você poderia fazer isso de maneira diferente. Também terminarei com um aviso no resumo do capítulo.

SERVIÇOS DE SAÚDE

O setor de saúde está repleto de dados e informações. Pense em como, cada vez que você vai ao médico, mais informações e dados são registrados. Como o setor de saúde usa a análise descritiva? Bem, um exemplo é um painel de controle em um hospital que mostra quantos leitos o hospital tem e quantos estão ocupados. Bastante simples, mas aposto que isso é importante no que diz respeito ao setor de saúde.

Outra área em que a análise descritiva é utilizada no setor de saúde é na observação das tendências de uma doença à medida que ela se espalha em determinada região. Pense em todos os relatórios de análise descritiva que foram feitos em sua área, especificamente sobre como diferentes regiões estavam em diferentes níveis de Covid-19. Acho que essa é uma maneira poderosa de o setor de saúde usar a análise descritiva para entender o que está acontecendo com uma doença em uma área, mas, novamente, é o "o quê". No próximo capítulo, ampliaremos esse exemplo do setor e falaremos sobre o "por quê".

VAREJO

Os setores de varejo, como vestuário ou grandes lojas, podem utilizar a análise descritiva de diferentes maneiras. Pense em algumas das maiores cadeias de varejo e lojas, como Target ou Walmart. Faz sentido que essas lojas utilizem a análise descritiva para entender o estoque e quando abastecer ou estocar novamente. Se não estiverem utilizando, sei de um trabalho que alguém precisa assumir nessas empresas.

Outra maneira pela qual as empresas de varejo podem usar a análise descritiva é, na verdade, do ponto de vista dos funcionários. Se estivermos falando de empresas de varejo que têm lojas reais, um registro de épocas do ano ou temporadas movimentadas, juntamente com o número de funcionários que uma empresa tem e as horas que eles trabalham, é uma boa maneira de saber quando contratar mais funcionários ou quando não precisam de tantos. Tenho um membro da família que trabalha mais na época das festas de fim de ano e acho que ele não trabalha em outras épocas do ano, a menos que seja chamado. Nesse caso, o uso da análise descritiva pode mostrar que as vendas aumentam em determinadas épocas do ano e que uma organização pode precisar de mais funcionários para ter sucesso.

MARKETING

Falamos sobre isso anteriormente, mas o marketing pode usar a análise descritiva para mostrar o que está acontecendo ou o que aconteceu em uma campanha de marketing. A análise descritiva pode ser uma maneira poderosa de entender os dados demográficos de sua base de clientes e pode ser usada para entender quem não está em sua base de clientes. Lembre-se, porém, de que você não pode usar a análise descritiva para criar campanhas que sejam discriminatórias.

FINANÇAS, SERVIÇOS FINANCEIROS E BANCOS

Posso dizer, por experiência própria, que a análise descritiva é usada regularmente nos serviços financeiros, e de forma intensa. Em meu trabalho, ajudei a criar análises descritivas para taxas de amortização e de inadimplência. Era importante saber disso, pois trabalhei em uma organização de serviços financeiros durante a crise financeira imobiliária. Precisávamos conhecer as taxas de inadimplência e de amortização para fins informativos e devido aos vários motivos pelos quais os diferentes líderes usariam as métricas.

Outra maneira pela qual esses setores podem usar a análise descritiva é por meio da compreensão dos produtos e do que é popular e o que não é. Por exemplo, se você não tivesse uma análise descritiva dos produtos que oferece como banco ou instituição financeira, como saberia se deveria parar de vender esses produtos ou não? Por favor, não diga que nos basearíamos em nossa intuição ou no que vemos, pois nossos olhos podem enganar. Lembre-se, não queremos nos livrar da intuição ou do elemento humano, e sim combiná-los com os dados.

CADEIA DE SUPRIMENTOS E LOGÍSTICA

É muito importante ter uma análise descritiva para entender a logística e a cadeia de suprimentos de sua organização ou da economia global. Será que ter uma análise descritiva significa que não teremos problemas na cadeia de suprimentos? Não, não significa, mas esperamos que ela ajude a mitigá-los ou forneça uma imagem do que está acontecendo. Com sorte, poderemos resolver esses problemas.

CONCLUSÃO

Em geral, há muitos exemplos diferentes de análise descritiva. No próximo capítulo, abordaremos o "por que" dos exemplos que compartilhei e talvez compartilhemos outros exemplos.

ÉTICA EM DADOS E ANÁLISE DESCRITIVA

Como o uso ético dos dados se enquadra na análise descritiva? Quando estivermos criando nossas histórias e visualizações de dados, precisamos garantir nossa objetividade em relação aos dados. Não saia e procure projetar suas visualizações e stories com dados para se adequar à sua narrativa ou ao que você deseja ver nos dados. Esse é o seu viés pessoal entrando em jogo, e isso não deve fazer parte das visualizações de dados que está criando. Em vez disso, crie histórias objetivas, o "o que" objetivo a partir dos dados. Esse uso objetivo dos dados é a maneira mais eficaz de criar visualizações de dados e stories com dados.

RESUMO DO CAPÍTULO

A análise descritiva é predominante no mundo atual. Há muitos exemplos — o simples fato de receber uma métrica pode ser uma análise descritiva —, mas lembre-se de que esse pode ser apenas o primeiro passo. Agora, uma palavra de cautela. Há uma lei em estatística chamada lei de Goodhart que afirma que, quando uma medida se torna um alvo, ela deixa de ser uma boa medida. Portanto, ao criar análises descritivas, certifique-se de que não está transformando essas medidas em metas. Não deixe que uma nova meta, que era uma medida, o oriente erroneamente sobre como fazer as coisas porque você viu isso em uma análise descritiva. Agora veremos como melhorar a análise descritiva.

DEFINIÇÕES E CONCLUSÕES DO CAPÍTULO

- **Democratização de dados:** é o fornecimento de dados a todos. É verdade que não damos dados gratuitamente a todos, mas é aqui que uma organização democratiza o acesso aos dados e os compartilha. Espera-se que as organizações descubram que mais pessoas analisando os dados, de acordo com um bom programa de governança de dados, fornecerão mais insights sobre os dados.
- **Governança de dados:** acabei de mencionar a governança de dados, então é melhor defini-la. Simplificando, esse é o programa que governa os dados de uma organização. Pense nisso como "quem pode ter acesso a quê".
- **Análise descritiva — o problema:** no mundo atual dos dados e da análise, esse nível, a análise descritiva, é onde as organizações podem ficar presas dentro dos quatro níveis de análise. Esse é o nível mais fácil, e sem uma boa estratégia, e uma sólida alfabetização de dados, as organizações podem não ir além desse ponto.

NOTAS

[1] Tableau (nd) What is data visualization? Definition, examples, and learning resources, https://www.tableau.com/learn/articles/data-visualization (arquivado em https://perma.cc/494R-AF3G)

6

Como pessoas e organizações podem se aperfeiçoar na análise descritiva

Agora chegamos ao capítulo sobre "como melhorar". Aqui, você pode pensar que receberá dicas e truques para melhorar a visualização de dados ou algum outro aspecto da análise descritiva. Bem, você estaria certo, mas vamos além disso. Há algo que apelidei de "tridata" e que fará parte de cada um dos capítulos sobre "como fazer". Se você foi ou é fã da série de videogames Zelda, e eu sou, existe a triforce.[1] Em meu mundo, existe o tridata, que é composto por resolução de problemas baseada em dados, tomada de decisões e execução. Veja a Figura 6.1 (e, se você me conhece, sabe que gosto de montanhas, então é legal que ela se pareça com montanhas).

Se eu me limitasse a dar dicas e truques, estaria prestando um desserviço a você. Ajudá-lo a entender como a análise descritiva faz parte de uma organização orientada por dados é imprescindível. Ademais, isso o capacitará a ser mais alfabetizado em dados, pois o ajudará a entender como a análise descritiva se encaixa na organização. Ter um bom entendimento de como ela funciona em uma organização fortalece sua alfabetização de dados; nesse ponto, não se trata apenas de um monte de gráficos. Se estou sendo mais holístico e ajudando-o em vários aspectos, então estou sendo bem-sucedido com este livro.

Uma rápida descrição dos dados tridimensionais será útil antes de eu entrar em áreas mais detalhadas de aprimoramento dentro da análise descritiva. Ao ser orientado por dados, é necessário garantir que todos os aspectos da sequência de dados e análise sejam abordados. Como parte dessa sequência, há elementos-chave, como os próprios dados, o insight e a análise. Aqui podemos ver que o tridata abrange três partes principais:

- **Solução de problemas:** como podemos melhorar a solução de problemas com dados? Como as análises descritiva, diagnóstica, preditiva e prescritiva nos capacitam a ser melhores na solução de problemas com dados?

- **Tomada de decisão:** como podemos melhorar a tomada de decisão com dados e como a análise descritiva desempenha um papel nas próprias decisões (pense nas fases iniciais e no storytelling).
- **Finalmente, execução:** como podemos melhorar a execução da decisão com dados? Qual é o papel da análise descritiva?

Outra área que queremos abordar neste capítulo é a PMV da análise descritiva. Quais seriam os principais elementos de proficiência mínima viável na análise descritiva? Garantiremos que você, leitor, tenha um bom entendimento das principais habilidades que considero necessárias na análise descritiva. Lembre-se de que não estou escrevendo este livro de análise da mesma forma que outros livros de análise. Você pode comprar livros sobre visualização de dados, estatísticas e outras áreas de dados e análise. Eles lhe mostrarão coisas excelentes. Estou escrevendo este livro sob a perspectiva de ser mais baseado em dados, de como você pode aplicar a análise descritiva ao tridata — o que pode ser visto na Figura 6.1. Estou ajudando o leitor a ter uma boa noção de onde ele se encontra dentro da sequência de dados e análise e de como pode executar de forma mais inteligente os processos baseados em dados. Para começar, vamos ao tridata. Como você verá, incluirei maneiras "habituais" de ver a análise, como a visualização de dados, durante todo o processo de análise do tridata e da PMV.

FIGURA 6.1: O tridata

ANÁLISE DESCRITIVA E SOLUÇÃO DE PROBLEMAS BASEADA EM DADOS

A primeira área do tridata que quero discutir no mundo da análise descritiva é a solução de problemas. Sabemos que precisamos de dados, sabemos que precisamos que os dados de back-end sejam confiáveis (pense no mundo do gerenciamento de dados — há muitos livros que você pode pegar para estudar isso e o que é) e precisamos das peças-chave dos dados para tomar uma decisão. No nosso caso, estamos considerando que a primeira etapa do tridata é a solução de problemas.

A solução de problemas é o que diz: estamos resolvendo um problema. Dentro do espaço de dados e análise, que tipo de problema estamos resolvendo? Bem, espero que você tenha respondido que se trata de um problema comercial. A análise descritiva pode nos ajudar a entender o que está acontecendo com uma campanha de marketing — essa é uma pergunta comercial que queremos ver respondida. O objetivo final da análise descritiva e dos dados não é uma visualização ou uma ideia interessante, mas uma visualização ou uma ideia interessante que esteja vinculada a um objetivo comercial. Quando digo solução de problemas, pode ser um problema que estamos resolvendo, porém é mais do que isso, pois também estamos resolvendo e executando em direção às nossas metas e nossos objetivos de negócios. Nesse caso, podemos pensar na solução de problemas como um "como fazer" para chegar aonde queremos. Como a análise descritiva faz isso e como podemos melhorar seu uso em nossa solução de problemas?

Primeiro pense na análise descritiva como o ponto de partida da análise e da solução de problemas. Para solucionar problemas ou atingir um objetivo importante para nossa equipe, unidade de negócios ou empresa, é preciso que ajudemos nós mesmos a entender o problema que estamos resolvendo ou o objetivo que estamos buscando. A análise descritiva deve ser, sem dúvida, um elemento-chave para entender a situação. O contexto é muito importante. Como podemos obter um contexto maior do que aquele no qual vemos apenas nossos palpites ou nossas intuições? Podemos recorrer à análise descritiva. Mas, uma observação importante: não quero que você pense que estamos nos livrando da intuição e dos palpites. Não, nós gostamos deles. Cada um de vocês tem experiência, ideias e pensamentos; apenas certifique-se de combiná-los com os dados. Às vezes, seus pensamentos e suas ideias precisarão superar os dados e, às vezes, os dados precisarão superar os pensamentos, mas tudo bem. Queremos buscar a harmonia entre os dados e o elemento humano no longo prazo. Portanto, não se preocupe, seus pensamentos e suas ideias pessoais são importantes no mundo dos dados e da análise. Além disso, isso mostra que todos têm um lugar na mesa de dados e análise. Você pode não ter as habilidades técnicas de outras pessoas, mas tem suas próprias ideias e pensamentos. Traga-os para a mesa, trabalhe em equipe e busque o melhor resultado.

Então, com a análise descritiva como ponto de partida, como podemos nos aperfeiçoar? A primeira etapa pode parecer um pouco estranha, mas, acredite, essa é uma etapa vital na sequência de dados e análise e na mudança para sermos mais baseados em dados. O primeiro passo é melhorar nossa mentalidade.

APERFEIÇOAMENTO DA MENTALIDADE

Por que eu diria que o aperfeiçoamento da mentalidade é a etapa número um? Bem, dados e análise exigem uma mentalidade orientada por dados e análise. Isso significa compreender verdadeiramente a sequência de dados e análise e entender como ser objetivo, em vez de trazer nossos próprios preconceitos para a mesa. Significa estar disposto a questionar os dados que temos e aqueles que os outros apresentam (é claro que você precisa se comunicar bem para fazer isso e saber como questionar os outros de forma eficaz) e a ter suas próprias ideias e seus próprios dados questionados. A mentalidade é muito importante. A alfabetização de dados e o fato de ser orientado por dados não se referem apenas aos dados e à tecnologia. Pelo contrário, a mentalidade e o trato com as pessoas provavelmente são mais importantes. Portanto, reserve um minuto para responder a essas perguntas pessoalmente para determinar onde está sua mentalidade analítica e de dados:

- Quando recebo dados, eu os tomo ao pé da letra ou dedico algum tempo para questioná-los e refletir sobre eles?
- Ao criar dados e análise, fico ofendido quando alguém critica ou questiona o que criei?
- Ao executar um projeto de dados e análise, fico chateado quando as coisas não saem do jeito que eu quero ou o ataco com uma abordagem repetitiva?
- Eu rio ou acho que a pergunta de alguém é boba quando ela chega até mim?
- Confio apenas em profissionais de dados e análise, ou trago outros para a mesa?

Avalie essas perguntas com seriedade e a mente aberta. Não prejudique seu trabalho orientado por dados porque não quer responder a essas perguntas honestamente. Se você quiser melhorar no âmbito descritivo e em todos os quatro níveis de análise, sua mentalidade precisa estar correta, e provavelmente será seu ponto de partida. Não negligencie esse ativo de valor; exercite seus músculos da mentalidade.

VISUALIZAÇÃO DE DADOS

Bem, não fugiremos do fato de que precisamos falar sobre visualização de dados nos quatro níveis de análise. A realidade é que ela desempenha um papel fundamental na análise descritiva. Falarei sobre a visualização de dados em todos os três pilares de meu tridata, começando agora com a solução de problemas baseada em dados.

Uma visualização de dados pode ser o ponto de partida para seu trabalho de solução de problemas. Ela é uma maneira brilhante de desenvolver sua análise descritiva. A análise descritiva é a descrição da situação, mas não queremos ler uma enorme tabela de dados para descobrir o que está acontecendo. Então, como simplificar isso? Utilizamos uma visualização de dados. Nela, precisamos capturar "o que está acontecendo?" e usar isso para construir nossa análise descritiva. Se quisermos resolver problemas de forma eficaz com os dados, precisamos ter uma sólida compreensão e uma base do que está acontecendo. Para nos ajudar a criar nossa visualização de dados, daremos uma olhada em algumas etapas que podemos utilizar.

Essas etapas ou dicas não são exaustivas, precisamos nos lembrar disso, e podemos encontrar livros sobre a criação de visualizações de dados. Aqui, apresento as etapas para ajudá-lo a criar uma visualização de dados que possa ser vinculada ao objetivo comercial de forma eficaz. Procure outros bons livros para escolher um gráfico ou ver como usar cores adequadamente em uma visualização. Aqui estão as etapas:

1. Conheça seu objetivo.
2. Conheça seu público.
3. Conheça sua ferramenta.
4. Conheça seus tipos de visualização.
5. Conheça sua história.

Vamos nos aprofundar em cada um deles.

CONHEÇA SEU OBJETIVO

Ao criar dashboards, você está trabalhando diretamente para atingir uma meta ou um objetivo? Para que você está criando o dashboard? Sim, acho que todos nós sabemos que o estamos criando por algum motivo, mas uma pergunta que podemos fazer é: como esse objetivo atinge a equipe, a unidade de negócios ou a meta organizacional? Reserve um tempo para estudar e conhecer seu objetivo para o dashboard.

Acho que, no mundo dos dados e da análise, o que descobrimos é que estamos fazendo muito trabalho que pode não ter muito valor. Em determinado momento de minha carreira, eu estava consultando uma organização. Se entendi bem os números, ela tinha quatrocentos dashboards e estava usando seis deles. Você leu certo. Seis. Como isso acontece? Por que criamos esses dashboards ou visualizações e chegamos a um ponto em que temos quatrocentos e estamos utilizando apenas seis? Eu diria que o fato de não termos uma direção clara é um elemento fundamental para isso. Para que a análise descritiva seja eficaz, precisamos ter um objetivo claro, a estrela do norte para a qual estamos trabalhando. Pense na quantidade de tempo que poderia ser liberada se não mantivéssemos quatrocentos dashboards; pense no fluxo dos quatro níveis de análise que poderiam se tornar realidade com a liberação de tempo nessa situação.

CONHEÇA SEU PÚBLICO

Você já esteve em uma conversa e se perguntou sobre o que aquela pessoa estava falando? Você já fez uma apresentação e pensou "Este grupo não entende uma palavra do que estou dizendo"? Provavelmente há inúmeros exemplos de diálogos ou apresentações em que um lado ou o outro, ou ambos, não sabe o que o outro está dizendo. Conhecer seu público é uma das principais coisas que você pode fazer para criar uma boa visualização de dados e uma análise descritiva sólida.

Depois de conhecer seu objetivo, o que realmente está tentando alcançar com seus dados e trabalho analítico, passe a conhecer o público. É um público de um só, você mesmo? Ou há um grupo menor, talvez a equipe com a qual está trabalhando? Ou o público é grande e você está fazendo um webinar, uma apresentação de abertura ou um grupo de discussão?

Conhecer seu público é um elemento absolutamente crucial para a criação de uma visualização de dados sólida. Talvez saibamos do que gostamos e possamos nos basear nisso, mas, se não for aquilo de que nosso público gosta, ele poderá não reagir com o entusiasmo que queremos. Conheça seu público para ajudá-lo a obter a adesão à análise descritiva e à história que está tentando compartilhar.

CONHEÇA SUA FERRAMENTA

Isso pode parecer óbvio, mas será que é mesmo? Até que ponto conhecemos realmente as ferramentas que usamos? Algumas das ferramentas são Qlik,

Power BI, Tableau e, sim, até mesmo o Microsoft Excel. Talvez você conheça muito bem as ferramentas que usa, mas precisa conhecê-las o suficiente para criar a visualização de dados que deseja. Conheça as limitações da ferramenta. Entenda como é fácil para o público filtrar e utilizar a visualização de forma eficaz. Saiba como dar vida à ferramenta para seu público. Infelizmente, como provavelmente acontece com muitas ferramentas de dados e análise, ficamos presos nas áreas da ferramenta de que gostamos e podemos perder diferentes recursos que a ferramenta tem para realmente dar vida à nossa análise descritiva. Não deixe que as preferências pessoais impeçam o sucesso que você pode ter. Observe, porém, que você pode utilizar suas preferências pessoais na ferramenta para ter êxito e levar a análise descritiva adiante. O que estou discutindo aqui é a mentalidade de não se permitir ver as brechas e oportunidades que a ferramenta tem para tornar sua visualização ainda melhor.

CONHEÇA SEUS TIPOS DE VISUALIZAÇÃO

Você se vê criando visualizações analíticas descritivas com os mesmos gráficos e visualizações? Você costuma usar as mesmas cores na visualização? Seus dashboards são todos parecidos?

Se sua resposta a essas perguntas for afirmativa, isso não é necessariamente ruim, principalmente se estiver comunicando bem sua história ou sua análise descritiva. O que não quero é que você deixe de considerar maneiras de criar uma visualização que sejam mais eficazes para impulsionar a análise descritiva e contar a história do que está acontecendo. Se você já ouviu falar de gráficos e visualizações, mas não sabe como eles funcionam, reserve um tempo para investir em si mesmo e aprender. Uma das principais coisas que uma nova visualização pode fazer por você é ajudá-lo a ver os dados sob uma luz diferente e gerar novos insights (insight é para o próximo capítulo, sobre análise diagnóstica).

CONHEÇA SUA HISTÓRIA

Em geral, para que sua visualização de dados seja a mais eficaz possível, é necessário conduzir sua análise descritiva conhecendo sua história. Você conhece o contexto e o problema que está resolvendo? Sabe como usará a análise descritiva e como ela se encaixa na solução do problema que está resolvendo? Faça a si mesmo perguntas como: qual é o público-alvo que estou abordando aqui (já falamos sobre isso)? Qual é o objetivo comercial ou a pergunta comercial que estamos respondendo com essa análise descritiva? Já examinei todos os diferentes tipos de visualizações possíveis para essa história? Apenas questione e veja se você conhece a história. Utilize isso para ajudá-lo a criar uma análise descritiva poderosa por meio da visualização de dados.

Uma observação rápida sobre como fazer suas perguntas: não fique preso pela paralisia da análise ou pela paralisia da perfeição. A realidade é que podemos pensar demais nas coisas. Podemos exagerar. Não vamos deixar que isso aconteça. Vamos nos certificar de que aprendemos a ser eficazes E eficientes.

RESUMO

A solução de problemas baseada em dados é um elemento-chave para conduzir a análise descritiva de forma eficaz. Ter a mentalidade e a visualização de dados corretas é uma ótima maneira de ajudar na solução de problemas baseada em dados. Isso pode ajudar a definir corretamente a estrutura e a história. Certifique-se de desenvolver essas áreas de maneira eficaz.

ANÁLISE DESCRITIVA E TOMADA DE DECISÃO BASEADA EM DADOS

Uma coisa é resolver um problema e encontrar algo em sua solução de problemas, ter o momento "eureca", mas o que fazer com isso? E como a análise descritiva desempenha um papel nesta próxima parte? A parte seguinte após a solução de problemas baseada em dados é a tomada de decisões baseada em dados. Não faremos uma dissertação completa sobre isso, existem livros de Kevin Hanegan[2] ou Ben Jones[3] que podem lhe ensinar todo o processo, mas como podemos incluir a análise descritiva no processo de tomada de decisões?

Pense na análise descritiva como um definidor de tom, uma peça fundamental para sua tomada de decisões. Se quisermos saber para onde estamos indo, precisamos saber por onde começar. Utilize o poder do storytelling na análise descritiva para ajudar a conduzir o processo de tomada de decisão.

Se não for você quem está tomando a decisão, mas estiver ajudando os tomadores de decisão fornecendo informações, use a análise descritiva para contar uma história curta e concisa do que está acontecendo. Podemos nos deixar levar pelo excesso de informações, de visualizações e de análises descritivas. Para o processo de tomada de decisão, seja realmente bom em simplificar suas informações básicas. Aqui estão minhas dicas para que isso aconteça:

- **Livre-se de informações irrelevantes.** Ajude si mesmo a simplificar o processo de tomada de decisão orientado por dados, torne-se realmente bom em se livrar das informações desnecessárias que estão presentes em todas as análises descritivas. Isso pode ser difícil. Você sabe qual é uma das palavras mais poderosas em dados e análise? NÃO! Sim, a palavra "não". Ao criar a análise descritiva para o processo de tomada de decisão, você pode descobrir que pode visualizar os dados de quinze maneiras, mas qual é a eficácia disso? Você precisa ser bom em decifrar o que é e o que não é relevante, o que importa e o que não importa. Ao fazer isso, simplifique os dados. Não precisamos que eles sejam complicados; na verdade, isso pode ser ruim para nós no processo de tomada de decisão.
- **Faça um resumo da história.** Não escreva livros de informações que precisem ser amplamente processados por muitas pessoas. Não, esse não é o objetivo da análise descritiva. Recomendo que você aponte as informações fundamentais para seu público ou para si mesmo. Como você está criando a análise descritiva que será utilizada pelo público, seja por você mesmo ou por outros, pode ser fundamental ter marcadores concisos que o público possa usar rapidamente para ajudar a estruturar a decisão. Não tente ser eloquente, mas encontre palavras que sejam rápidas e fáceis de entender e livre-se dos parágrafos longos.
- **Destaque as partes importantes.** Essa é uma ótima dica para ajudar a dar vida à análise descritiva necessária para a decisão que você está tentando tomar. Há alguma maneira de destacar sua análise descritiva? Você pode circular ou chamar a atenção para os pontos de dados que informam a análise descritiva de forma eficaz?
- **Crie para o público.** Compartilhamos isso na seção anterior, sobre visualização de dados, mas a realidade é que, quando você direciona o processo de tomada de decisão, o público-alvo é muito importante. Se você for o público-alvo e estiver tentando tomar uma decisão com os dados, a análise descritiva orientará sua decisão e sua capacidade de torná-la importante. O mesmo se aplica caso você estiver trabalhando para que outra pessoa ou grupo tome a decisão. Você está direcionando as coisas para o que os capacitará no processo de tomada de decisão? Se não, você precisa fazer isso. A fim de criar para o público, converse com ele, faça perguntas, questione como ele quer ver os dados. Pergunte a essas pessoas o que realmente estão resolvendo com essa decisão e, em seguida, crie a análise descritiva que as capacitará para tomar a decisão. De modo geral, a criação voltada ao público pode capacitar os tomadores de decisão, além de ajudá-lo a brilhar com aqueles que você está apoiando e ajudando.

RESUMO

Em geral, a análise descritiva é a parte fundamental dos dados para a tomada de decisão baseada em dados. Ela define o tom e a história do que está acontecendo ou aconteceu. Ter esse conhecimento é fundamental para tomar uma decisão inteligente orientada por dados. Quantas vezes tomamos decisões sem todas as informações relevantes e o resultado é exatamente o que queríamos? Agora, dito isso, uma palavra de cautela, que deve soar muito familiar para você. Deixe-me perguntar: você precisa de todas as informações para tomar uma decisão? NÃO! Essa palavra maravilhosa novamente. A resposta é não. Você precisa de informações suficientes ou precisa das informações que puder obter, mas não espere ter tudo ou ser perfeito. Sinta-se confortável na incerteza ou no mundo do "eu não tenho tudo". Os dados e a análise não são perfeitos, portanto não se estresse caso sua análise descritiva não abordar perfeitamente a situação. Faça o melhor que puder para mostrar e compartilhar com seu público o máximo possível da base. Em seguida, trabalhe com eles ou permita que usem esses dados.

ANÁLISE DESCRITIVA E EXECUÇÃO BASEADA EM DADOS

A execução baseada em dados trata da execução de uma decisão baseada em dados que você tomou. Em nosso caso, a análise descritiva desempenha um papel fundamental na execução de uma decisão orientada por dados devido à importância da análise descritiva para contar a história e ajudar a criar a estrutura. A ideia da execução veio de um senhor chamado Dan Everett, que comentou em uma publicação que fiz no LinkedIn. Ele fez uma boa observação, dizendo que esperava que minha sequência de dados não parasse na decisão, e ele está certo. Temos de executá-la bem.

Acho que a execução de estratégias e decisões é algo difícil. Como humanos, voltamos para onde nos sentimos confortáveis, fazendo o que sempre fizemos; e, é claro, muitas pessoas não gostam de mudanças. As decisões baseadas em dados podem ter tudo a ver com mudança: uma mudança de direção, mudança de algo que fazemos da mesma forma há anos, mudança de noções preconcebidas e intuição, mudança em nosso conjunto de habilidades por meio de aprimoramento e requalificação. A execução baseada em dados consiste em utilizar a solução de problemas que usamos para chegar a uma decisão baseada em dados e, em seguida, executar essa decisão. Então, onde a análise descritiva desempenha um papel na execução da decisão?

Para nos ajudar a entender isso, vamos pensar na própria execução orientada por dados. No mundo dos negócios, a execução de uma decisão é apenas um processo rápido? Temos um líder que diz "faça isso" ou "faça aquilo" e, em seguida, a decisão é tomada e passamos para a próxima? Ou a execução de uma decisão é um processo, no qual pode haver etapas envolvidas? Um processo em que precisamos monitorar a decisão e a execução, o que nos permite interagir e mudar o rumo ao longo do caminho? Espero que as pessoas respondam afirmativamente a essa última pergunta.

A realidade é que a execução de decisões é um processo. E, na tomada de decisão e na execução baseadas em dados, não é diferente. Pense na execução baseada em dados como um processo em que você, seja um profissional de dados ou não, tem a oportunidade de utilizar a análise descritiva para ajudar ao longo do caminho.

Pense em algo em que você possa ter se envolvido do ponto de vista da execução. Com que frequência você está avaliando e pensando no que está executando? Com que frequência você se reúne com diferentes partes de sua organização para avaliar como as coisas estão indo? Com que frequência você se movimenta na execução do item em que está trabalhando? Acho que muitos de nós diriam que fazemos isso sempre. Veja meu caso atual, por exemplo.

No cargo que ocupo atualmente, enquanto escrevo este livro, estou ajudando a executar uma estratégia de dados para o lançamento de um novo produto. Há muitos componentes para isso, e os executamos em um processo. Por isso, fazemos reuniões regularmente para ver em que pé estão as coisas e realizamos interações/dinâmicas conforme necessário. Como você acha que a análise descritiva pode nos ajudar nesse processo? Ela pode ajudar a compartilhar a história do progresso da execução pela qual você está passando.

Agora, para um projeto grande como a implementação de uma estratégia de dados, há muitos elementos e peças-chave ao longo do caminho. Isso é fantástico! Traga análises descritivas para a mesa. Não traga muitos parágrafos longos, e-mails e slides com muitas palavras. Leve métricas, dados e pontos de informação concisos e diretos, para mostrar o progresso. Em primeiro lugar, isso pode ajudar a iluminar todo o trabalho em que sua equipe está envolvida e, em segundo lugar, a manter a história básica em andamento, para que vejamos o progresso e saibamos onde estamos no processo. Sem a iluminação do status e do ponto em que estamos na execução de uma decisão orientada por dados, talvez não saibamos a direção em que estamos indo e se ela é mesmo a correta.

Mais uma vez, com toda essa conversa sobre ser baseado em dados, não se esqueça do elemento humano em tudo isso. Você tem talento, experiência, intuição e instinto que quero que coloque na mesa. Mas, como digo, não se precipite em um sentido ou em outro. Utilize o aspecto baseado em dados e seu aspecto humano juntos.

RESUMO DO CAPÍTULO

Como já disse, estou escrevendo este livro de forma diferente de outros livros sobre dados e análise. Você pode encontrar livros sobre como criar uma melhor visualização de dados. E pode encontrar um livro sobre como fazer codificação, análise ou estatística. Em vez disso, estamos trazendo essas informações do tridata, ou seja, como melhorar os quatro níveis de análise na solução de problemas, na tomada de decisão e na execução baseadas em dados.

Neste capítulo, falamos diretamente sobre a análise descritiva. Não preciso repetir as informações aqui, mas lembre-se: utilize a análise descritiva para contar a história do que está acontecendo ou aconteceu. Você também pode usá-la para contar a história de possibilidades futuras com as análises preditiva e prescritiva. A questão é que a análise descritiva deve ser utilizada para descrever o que está acontecendo. Utilize isso no tridata e use-o para realmente estabelecer as bases para você. Com a base e o contexto corretos, você pode se preparar para um trabalho mais bem-sucedido com os níveis restantes de análise.

DEFINIÇÕES E CONCLUSÕES DO CAPÍTULO

- **O tridata:** consiste em três coisas que são necessárias no trabalho analítico e de dados, portanto não deixe nada de fora. Você precisa de resolução de problemas, tomada de decisões e execução baseadas em dados.
- **Mentalidade de dados e análise:** uma mentalidade de dados e análise é uma mentalidade curiosa, inquisitiva e que não aceita as coisas pela aparência. Essa mentalidade também é repetitiva, entendendo que você não vai acertar as coisas desde o início todas as vezes. Não, você precisa fazer iterações e ter uma mentalidade aberta.
- **Solução de problemas baseada em dados:** consiste em utilizar dados para ajuda a solucionar problemas.
- **Tomada de decisão baseada em dados:** consiste em utilizar os dados para tomar decisões.
- **Execução baseada em dados:** não podemos ter apenas um insight ou uma previsão interessante, temos de executá-los. Utilize os dados por meio da sequência de dados e execute-os.

NOTAS

[1] Fandom (nd) Triforce, https://zelda.fandom.com/wiki/Triforce (arquivado em https://perma.cc/8BSR-JFZF).

[2] Hanegan, K (2021) *Turning Data Into Wisdom*, https://kevinhanegan.com/tdiw (arquivado em https://perma.cc/T2VK-XDGA).

[3] Jones, B (nd) Data Literacy, https://dataliteracy.com/resources/ (arquivado em https://perma.cc/5K4M-FR9M).

7
Análise diagnóstica

O QUE É ANÁLISE DIAGNÓSTICA?

Acabamos de concluir três capítulos sobre análise descritiva e chegou a hora de avançarmos para o que chamaremos de análise do "por quê": a análise diagnóstica. Vamos dar uma olhada na Figura 4.1, sobre os quatro níveis de análise.

Você pode notar que as setas apontam para frente e para trás. Sim, você pode considerar os quatro níveis de análise como um processo. Comece com a análise descritiva e trabalhe no sentido horário ao longo dos níveis. Vá da descritiva para a diagnóstica para a preditiva e para a prescritiva. Porém, não se limite a esse caminho. Você pode ir e voltar, e passar pelos níveis. Use o sistema, mas trabalhe com ele de forma eficaz e eficiente. Encontre maneiras de usar todos os níveis em momentos diferentes e avance em sua jornada. Dito isso, vamos ao tópico em questão: falar sobre análise diagnóstica. O que são análises diagnósticas? Vamos usar um exemplo para nos ajudar a entender melhor a análise diagnóstica: a crise imobiliária de 2007/2008.

A CRISE IMOBILIÁRIA

A crise imobiliária de 2007/2008 foi intensa e sentida durante anos. No entanto, nos anos anteriores, havia sinais de que ela poderia ocorrer? O que os dados mostravam? As pessoas poderiam saber e evitar o que estava para acontecer?

O interessante sobre a crise imobiliária é que os dados durante o boom que levou à crise não se assemelhavam a nada que tivesse sido visto no mercado imobiliário antes; nunca tivemos um mercado imobiliário como aquele! Assim, ao modelar o mercado imobiliário e usar dados do passado para o mercado atual, qual é a eficácia dessa estratégia? Se estivermos fazendo uma torta de maçã, não podemos substituir as maçãs por bananas e achar que o resultado será o desejado, e eu diria que não é possível usar dados de um mercado com aparência diferente para prever o que acontecerá no mercado atual. Esse é um combustível ruim para um incêndio de modelagem preditiva. O que poderia ter sido feito para evitar isso? Bem, não escreverei uma longa dissertação sobre a crise, mas uma pergunta poderia ter ajudado a conduzir uma conversa que poderia ter ajudado a modelar melhor: por que estamos usando dados anteriores que não correspondem ao nosso mercado atual para prever o que acontecerá? Agora, não sou presunçoso o suficiente a ponto de dizer que essa única pergunta poderia ter evitado o que aconteceu, mas talvez ela tivesse desencadeado algumas conversas e alterado a modelagem, e talvez pudéssemos ter previsto o que estava por vir. Novamente, há muitos fatores que levaram à crise imobiliária, mas com uma pergunta-chave talvez as coisas pudessem ter sido evitadas ou, pelo menos, poderíamos ter tido mais conversas sobre ela. Essa pergunta é: por quê?

A PERGUNTA "POR QUE"

Essa pergunta "por que" é engraçada. Se você tem filhos, talvez receba essa pergunta quase sempre e fique cansado e frustrado (acredite, eu sei). Se você é um profissional de dados e análise, com que frequência gosta que seu trabalho seja questionado e analisado pelos colegas? Você fica frustrado quando questionam o que você está fazendo? Vou lhe contar um pequeno segredo: você deve deixar que questionem seu trabalho a torto e a direito. Isso não significa que seu trabalho esteja errado ou incorreto; ele pode estar 100% correto, mas questionamentos são uma coisa boa. Durante meu treinamento pessoal e meus exercícios físicos, eu deveria estar perguntando por que com frequência: por que não estou atingindo minhas metas? Ou, por que estou atingindo minhas metas? Esse treinamento é o que eu preciso que seja? Por que sim ou por que não? A pergunta "por que" pode ser a pergunta mais poderosa do mundo, e precisamos utilizá-la mais em nosso trabalho. Vamos definir a análise diagnóstica aqui.

Em um artigo da digitaldirections.com, a definição de análise diagnóstica é basicamente descobrir causa e efeito.[1] Essencialmente, é descobrir por que algo aconteceu. Em nosso exemplo anterior, poderíamos virar a mesa após a crise imobiliária e estudar os dados históricos para descobrir "por que" isso aconteceu. No marketing, quer tenhamos uma campanha bem ou malsucedida, podemos descobrir "por que" ela foi ou não foi bem-sucedida. Se você estiver analisando o desenvolvimento de um produto e o tiver lançado, poderá descobrir "por que" o lançamento foi ou não foi bem-sucedido. Essa compreensão sobre "por que" as coisas estão ou não estão acontecendo é crucial. Eu considero esse nível de análise como o mais importante. Isso ajuda você, sua equipe, sua unidade de negócios ou sua organização a ter sucesso em saber por que as coisas estão acontecendo. Pense em como isso é poderoso. Saber por que as coisas estão acontecendo pode ajudá-lo a tomar decisões mais inteligentes. Esse também é um ótimo alinhamento entre seus "palpites" sobre por que as coisas estão acontecendo e o uso dos dados para combinar com seus palpites e ver se você está correto. Isso é algo poderoso em dados e análise. Podemos nos deixar levar pelas ferramentas e tecnologias, mas, no final, precisamos entender por que as coisas estão acontecendo, e seus palpites e o elemento humano podem desempenhar um papel importante nisso.

UM EXEMPLO PESSOAL

Não é apenas no ambiente de negócios que essas análises diagnósticas terão um papel importante. Dê uma olhada na minha ultramaratona, a Speedgoat 50k. Minha desidratação provavelmente era muito real e me afetou muito, mas olhar para as métricas e dizer "uau, é bom ter essas informações" é apenas uma parte disso. Imagine se eu estivesse desidratado como estava, descobrisse quanto suor eu havia perdido e, depois, se eu corresse a corrida no ano seguinte, me preparasse exatamente da mesma maneira. Será que eu poderia esperar um resultado diferente? Acho que não.

Em vez disso, eu deveria me sentar e dedicar tempo para entender minha preparação e encontrar áreas de "por que" eu lutei tanto com minha perda de água. Preciso me questionar e questionar meus pensamentos, minha corrida, minha preparação antes dela. Perguntas são boas, lembre-se sempre disso; não se preocupe em fazer perguntas. Durante a corrida, tive a falsa sensação de que não estava muito quente porque eu não sentia muito calor e, portanto, não estava suando muito. Bem, obviamente, esse não é o caso. Será que levei em conta a sombra sob a qual eu estava em alguns momentos durante a corrida e, portanto, provavelmente estava com muito calor, mas sem perceber? Será que eu estava ingerindo sal suficiente durante a corrida para não perdê-lo? Na semana que antecedeu a corrida, eu estava comendo e bebendo como deveria?

Um aspecto a ser esclarecido é que às vezes não sabemos exatamente o "por que", e não o descobriremos. Isso é normal. Precisamos ser bons em testar nossas ideias, usar dados para nos ajudar e depois reavaliar.

Não seremos perfeitos em nossos esforços para descobrir o porquê. Às vezes, sim, o encontraremos e saberemos que foi por isso que aconteceu o que aconteceu, mas eu arriscaria dizer que muitas vezes estamos olhando para a correlação, ou para os pensamentos sobre o porquê, e não encontrando a causa. Lembre-se, correlação não significa causalidade. Portanto, com a análise diagnóstica, precisamos ser bons na ideia de que estamos analisando os motivos pelos quais as coisas estão ocorrendo e estamos testando-os, replicando-os. Lembre-se de que a mentalidade é tudo. Ter a mentalidade certa de que "isso pode não estar certo, mas vamos fazer isso e ver se está. Se não estiver, vamos iterar, aprendendo com o que fizemos, e depois seguiremos em frente".

ANÁLISE DIAGNÓSTICA E FUNÇÕES ORGANIZACIONAIS

Como discutimos na seção anterior, sobre análise descritiva, analisaremos a análise diagnóstica com funções de trabalho. Quando pensamos nos quatro níveis de análise, concluímos que a grande maioria dos usuários de dados trabalhará com análise descritiva e análise diagnóstica. Pense na Figura 4.1. Se a dividíssemos ao longo da diagonal, do canto superior esquerdo ao canto inferior direito, poderíamos dizer que de 90% a 99% dos usuários de dados em uma organização se enquadram na metade superior direita — análises descritiva e diagnóstica. A metade inferior esquerda é composta por profissionais de dados e análise mais técnicos — análises preditiva e prescritiva. Os que estão na parte inferior esquerda podem ter dados e análise em seus títulos, ou algo semelhante.

A análise diagnóstica é a área mais importante dos quatro níveis de análise, na minha opinião, porque ela explora o porquê por trás do que está acontecendo. Você vê um padrão nos dados, mas se pergunta por quê? Toda a sua organização e todas as funções dentro dela devem ter alguma capacidade de acessar os dados e entender o porquê. Em alguns casos, isso significa apenas que uma pessoa pode fazer boas perguntas e se comunicar de forma eficaz com os profissionais de dados e análise que têm habilidades mais técnicas. Com as habilidades mais técnicas, eles podem se aprofundar e ajudá-lo a descobrir o porquê.

Em geral, nunca se esqueça de que cada indivíduo em uma organização deve ter a capacidade de se aprofundar e ajudar a descobrir o porquê de alguma forma. Vamos explorar a função dos dados e da análise e como eles participam e ajudam a impulsionar a poderosa análise diagnóstica.

USUÁRIO FINAL OU COMERCIAL

Esse é o usuário mais comum de dados e análise. Esse também é o grupo de usuários de dados que pode ter as habilidades mais amplas e variadas dentro de um grupo de funções. Por que isso acontece? Porque o usuário final ou comercial pode ser alguém que não seja um profissional de dados e análise por título ou profissão, mas que tenha algum grau de proficiência nas áreas. Depois, há aqueles que são novatos no espaço de dados e análise. Pense em um amplo espectro de habilidades em dados e análise. Agora, como o usuário final ou o usuário comercial analisa os dados e encontra insights para descobrir o porquê?

Primeiro, um usuário final ou comercial será o destinatário ou usuário da análise descritiva. Esse é o ponto de partida para encontrar o insight dentro dos dados e da análise.

Se observarmos a Figura 3.1, veremos que os dados ficam à esquerda do gráfico. Os dados precisam da análise para ganhar vida. A análise leva ao insight. A grande maioria dos usuários de dados são os usuários finais, aqueles que estão tentando utilizar os dados para encontrar insights a fim de tomar uma decisão. Uma área de minha carreira pode ilustrar esse processo.

Enquanto trabalhei na American Express, ajudei a dar suporte ao grupo US Consumer Card, que na época era, e provavelmente ainda é, o maior portfólio de cartões da American Express. Na minha função, eu ajudava a liderar o desenvolvimento de dados para os usuários finais desse grupo. Obviamente, o que criamos foi uma análise descritiva. Cabia, então, aos usuários finais ou comerciais dos dados que eu estava ajudando a fornecer encontrar o insight. No entanto, é aqui que a alfabetização de dados é uma grande parte do aprendizado para os usuários finais ou comerciais. E se esses usuários não souberem como encontrar o insight?

Primeiro, esses usuários finais ou comerciais podem aprender a encontrar insights. Eles podem encontrar técnicas e maneiras de encontrar insights no trabalho. Em segundo lugar, eles podem se relacionar bem com profissionais de dados e análise que podem encontrar o insight ou ajudá-los a encontrá-lo. Aqui vemos a necessidade de uma boa fluência de dados em uma organização, além da cultura certa em que as pessoas estejam trabalhando juntas, fora dos silos, para ajudar a conduzir decisões analíticas e de dados.

Em geral, uma das chaves é garantir que os indivíduos que são usuários finais ou comerciais possam trabalhar com os dados de uma maneira que os ajude a ler a análise descritiva e depois a processar o insight, trabalhando em direção à análise diagnóstica. Aqui traremos para a mesa a festa da alfabetização de dados.

ANALISTA DE DADOS

Com a função de analista de dados e vendo como ela atua no mundo da análise diagnóstica, estamos agora mergulhando no lado mais técnico dos dados e da análise. Quando pensamos em um analista de dados, concluímos que ele desempenha um papel fundamental na análise descritiva, pois está desenvolvendo análises descritivas e visualizações de dados para nós. Isso é fundamental para que possamos encontrar insights, ver e reconhecer padrões. Quero dizer, queremos olhar para uma tabela de dados com 50 colunas e 50 mil linhas de dados e receber instruções para encontrar padrões e insights? Espero que você não esteja respondendo sim a isso! Se estiver, entre em contato comigo, pois há maneiras mais fáceis de fazer isso. Mas vamos dar uma olhada em duas funções principais que o analista de dados desempenha na análise diagnóstica.

A primeira função do analista de dados com relação à análise diagnóstica é criar a análise descritiva que nos diz o que está acontecendo. Uma boa análise descritiva deve capacitar o consumidor para ajudá-lo a dizer facilmente o que está, esteve ou poderia estar acontecendo.

Um analista de dados também deve criar a visualização de dados e a análise descritiva de forma que um usuário final ou comercial possa extrair o insight e ver as tendências. Lembre-se disso se você for um analista de dados. Você deve desenvolver a análise descritiva para que o consumidor tenha mais facilidade de encontrar os padrões, as tendências etc., que podem levar a insights e informações para ajudar no processo de tomada de decisão baseada em dados. Discutiremos no Capítulo 9 como um analista de dados pode criar visualizações de dados que levem à análise diagnóstica.

A segunda maneira pela qual um analista de dados trabalha com a análise diagnóstica é ser aquele que se aprofunda e encontra o insight em si. Agora, qual é a diferença entre um cientista de dados (falaremos sobre eles a seguir) e um analista de dados? Vamos simplificar: habilidades. Os cientistas de dados terão habilidades mais avançadas. Na minha opinião, o cientista de dados terá as habilidades que trabalham com análises preditiva e prescritiva, enquanto o analista de dados trabalha mais com análises descritiva e de diagnóstico.

No caso de um analista de dados que trabalha com análise diagnóstica, ele trabalhará com análise descritiva e dados para encontrar tendências e padrões que ajudem a encontrar o insight.

CIENTISTA DE DADOS

Acabei de mencionar que um cientista de dados trabalhará com análises preditiva e prescritiva, assim como todos os usuários de dados, pois mesmo aqueles que são usuários comerciais e analistas de dados precisarão ter conhecimento básico dos níveis avançados de análise. Eles precisarão ser capazes de falar a linguagem das análises preditiva e prescritiva, ajudando a avançar com ela. O cientista de dados terá mais do que o conhecimento básico das análises descritiva e de diagnóstico. O cientista de dados será capaz de fazer coisas dentro da análise diagnóstica para ajudar a extrair o insight. Por exemplo, um cientista de dados pode trabalhar para encontrar os padrões e fazer estatísticas para ajudar a encontrar a significância estatística. Isso pode ajudar a gerar conhecimento sobre o que pode estar causando o "que" na análise descritiva.

Lembre-se de que correlação não é sinônimo de causalidade. Por isso, precisamos entender que estamos trabalhando para descobrir o porquê por trás das coisas, mas realmente encontrar a causa completa pode ser impossível. Precisamos de que todos os que trabalham com dados e análise entendam e se sintam confortáveis com a incerteza. Como correlação não é sinônimo de causalidade, e se pudermos chegar perto de saber o que causou algo ou ter um palpite fundamentado? Precisamos ter os dados certos e a mentalidade analítica que nos permita assumir o porquê e fazer com que isso nos leve a tomar decisões e a executar com base nos dados.

Se estivermos analisando os pilares de uma cultura orientada por dados, é aqui que os cientistas de dados e todos os usuários de dados usarão uma abordagem iterativa dos dados e da análise para levá-los adiante. Em uma abordagem iterativa, podemos não obter a resposta certa na primeira vez, mas não fracassamos. Aprendemos com o que fizemos e repetimos.

ENGENHEIRO DE DADOS E ARQUITETO DE DADOS (OU QUALQUER FUNÇÃO EM DADOS DE BACK-END)

No back-end de dados, temos pessoas como o engenheiro de dados e o arquiteto de dados. Aqueles que projetam a modelagem de back-end têm uma função boa, valiosa e fundamental na análise diagnóstica. Essas funções são fundamentais porque criam o design dos dados. Se não tivermos um back-end sólido — como um bom data warehouse, data lake ou data lakehouse, basicamente uma forma de estruturar nossos dados que permita que os trabalhos analíticos de front-end extraiam e usem os dados —poderemos estar simplesmente dando adeus aos nossos investimentos em dados e análise. Precisamos de dados limpos e sólidos para permitir que os usuários de front-end criem e/ou utilizem a análise descritiva para, em seguida, ir atrás e descobrir o porquê. O back-end da análise diagnóstica será semelhante ao back-end da análise descritiva: ele define o tom e a base. Não negligencie as funções que compõem o gerenciamento de dados e a arquitetura de dados.

LIDERANÇA

A liderança desempenha um papel necessário na análise diagnóstica. Primeiro, a liderança também deve ter a capacidade de identificar insights. Precisamos de uma organização totalmente alfabetizada em dados que possa encontrar tendências, padrões e insights nos dados. Agora, a liderança provavelmente não tem tempo para criar engenharia de dados e modelos no back-end. A liderança provavelmente não tem tempo para criar modelos estatísticos ou códigos que gerem insights. A liderança provavelmente não tem tempo para fazer muito com as visualizações de dados, além de filtrar e olhar para os dados de forma diferente. Mas, dito isso, se você estiver em uma posição de liderança, lembre-se do seguinte: a liderança deve ser capaz de analisar os dados e talvez encontrar padrões ou coisas curiosas neles e, o mais importante, precisa se tornar muito boa em fazer perguntas que possam ser usadas para ser baseadas em dados. Para ajudá-lo a melhorar sua capacidade de fazer perguntas, recomendo o livro do meu amigo Kevin Hanegan, *Turning Data into Wisdom* [sem publicação no Brasil].[2]

Vamos expandir isso. Se você está na liderança ou não é totalmente qualificado para o trabalho analítico que pode encontrar o insight, torne-se muito, muito bom em fazer perguntas que possam ser respondidas por aqueles que são mais técnicos e mais fortes nessas áreas. Precisamos fazer melhor as perguntas nas organizações.

Outra função que a liderança desempenha na análise diagnóstica e que está presente nos quatro níveis de análise é a de investir nas ferramentas e na tecnologia certas para dar suporte à análise diagnóstica. Assegure-se de que a liderança esteja ajudando a conduzir ao resultado certo dentro dos dados e da análise investindo corretamente nas ferramentas certas. As ferramentas não são estratégias, mas devem ajudar a fortalecer as estratégias. Os líderes devem ser suficientemente alfabetizados em dados e bem versados nas ferramentas e na tecnologia para poderem ajudar a escolhê-las. Agora, eles não precisam necessariamente saber tudo sobre as ferramentas e a tecnologia. Talvez precisem apenas ter as pessoas certas nas funções certas, alguém em quem confiem e que possa ajudar a escolher as ferramentas certas. O investimento adequado em ferramentas e no desenvolvimento de habilidades é um aspecto fundamental da liderança em dados e análise.

FERRAMENTAS E TECNOLOGIAS

Há várias ferramentas e tecnologias que podem ser usadas na análise diagnóstica. Vamos dar uma olhada em algumas delas, sejam ferramentas ou conceitos específicos.

FERRAMENTAS DE BUSINESS INTELLIGENCE

Ferramentas de business intelligence desempenham um bom papel na análise diagnóstica. Essas ferramentas ajudam a construir a base por meio da análise descritiva e também ajudam a impulsionar a análise diagnóstica por meio de seu design e da forma como são construídas. Um profissional de dados habilidoso pode ajudar a projetar as ferramentas de business intelligence para auxiliar o usuário final, seja ele um profissional de dados ou não, e a filtrar os dados para encontrar os padrões, ajudando a gerar perguntas e insights.

Alguns exemplos dessas ferramentas são os mesmos que existem na análise descritiva: Tableau, Qlik, Microsoft PowerBI, entre outras.

LINGUAGENS DE PROGRAMAÇÃO

A programação se torna mais predominante à medida que trabalhamos com análise diagnóstica. Ela pode nos permitir analisar os dados mais especificamente do que uma ferramenta de business intelligence. A razão para isso é que uma ferramenta de business intelligence é definida de acordo com as regras estabelecidas para a ferramenta, enquanto a codificação nos permite o espectro de dados a que temos acesso. Uma exceção a isso é se estivermos usando código dentro da ferramenta para extrair dados diferentes dos que já estavam presentes na extração de dados. Agora, específico não significa necessariamente menor. A programação pode permitir que as pessoas extraiam conjuntos de dados ou informações grandes ou pequenos. O uso da programação pode nos ajudar a avançar em direção ao insight que queremos.

Alguns exemplos de linguagens de programação que você pode aprender são a linguagem de consulta estruturada (SQL), Python ou R. Você pode aprender várias linguagens ou concentrar sua energia em apenas uma.

ESTATÍSTICA E PROBABILIDADE

Essas são palavras interessantes! A estatística pode ser uma parte do insight nos dados e na análise. A estatística é interessante, realmente é. O site Statology.com ensina a diferença entre probabilidade e estatística. Ele compartilha que a probabilidade é a probabilidade de algo acontecer com base nos dados que já temos, e a estatística é pegar uma amostra menor de dados e inferi-la em uma população maior.[3] Esses dois tópicos podem ser poderosos e podem nos ajudar a descobrir "por que" as coisas estão acontecendo.

RESUMO DO CAPÍTULO

Em geral, a análise diagnóstica é, para mim, o mais importante dos quatro níveis de análise. Se não soubermos por que as coisas estão acontecendo, poderemos criar previsões sólidas? Se não soubermos por que a análise descritiva está se comportando da maneira como se comporta, estaremos apenas lendo sobre o que está acontecendo e adivinhando por que e o que fazer em seguida? Todos nós precisamos desenvolver habilidades fortes e táticas na análise diagnóstica. Agora, veremos no próximo capítulo como a análise diagnóstica está sendo usada.

DEFINIÇÕES E CONCLUSÕES DO CAPÍTULO

- **Análise diagnóstica:** para mim, a análise diagnóstica é o principal nível de análise. Por quê? Porque esse é o nível do porquê da análise. Esse é o nível do insight. A análise descritiva é a observação, e a análise diagnóstica é o motivo pelo qual a observação ocorreu.
- **Análise diagnóstica — o problema:** para mim, a análise diagnóstica é o nível mais negligenciado da análise. Por quê? Porque a análise descritiva é o nível mais fácil, e a preditiva e a prescritiva são os mais interessantes. A realidade é que, sem saber por que as coisas estão acontecendo, como podemos criar boas previsões? A alfabetização de dados é um investimento fundamental para a análise diagnóstica. Podemos capacitar todos para que sejam mais fortes em sua alfabetização de dados — que todos têm em algum grau — e ensiná-los a encontrar insights melhores?

NOTAS

[1] Digital Directions Team (2022) What is diagnostic analytics? https://digitaldirections.com/diagnostic-analytics/ (arquivado em https://perma.cc/PGL5-MQ8B).

[2] Hanegan, K (2021) *Turning Data Into Wisdom*, https://kevinhanegan.com/tdiw (arquivado em https://perma.cc/9ZPV-6MHA).

[3] Zach (2022) Statistics vs. probablity: what's the difference? *Statology*, https://www.statology.org/statistics-vs-probability/ (arquivado em https://perma.cc/3X5Y-BH32).

8

Como a análise diagnóstica é usada hoje?

Neste capítulo, queremos dar uma olhada em como a análise diagnóstica está sendo usada no mundo atual. Para nos ajudar a fazer isso, seguiremos o Capítulo 5. Acho que seria bom seguir os exemplos que usamos ao longo dos capítulos sobre os quatro níveis de análise. Isso nos permite ver exemplos que percorrem os quatro níveis e ver como os resultados podem ser alcançados por meio deles. Ao passarmos por isso, quero que você pense em si mesmo, na sua equipe e/ou na sua organização e em como ela pode melhorar nesse espaço de análise diagnóstica. Como informei no capítulo anterior, para mim, a análise diagnóstica é o nível mais importante. Pense nestes exemplos e depois pense em seu trabalho. Você tem áreas que se assemelham a esses exemplos? Os exemplos geram ideias sobre o que você pode fazer de diferente ou sobre diferentes áreas da empresa em que você poderia melhorar a análise diagnóstica? Vamos começar por onde começamos com a análise descritiva: democratização de dados.

DEMOCRATIZAÇÃO DE DADOS — ANÁLISE DIAGNÓSTICA

Não preciso me estender tanto sobre a democratização de dados neste capítulo; já fiz isso no Capítulo 5. Neste, apenas discutiremos como democratizar a análise diagnóstica para as massas em uma organização. A realidade é que democratizar a análise diagnóstica é dar acesso a ferramentas e tecnologias e estabelecer a cultura e a mentalidade da força de trabalho de uma organização. Cada um de nós deve trabalhar e/ou ter habilidades para encontrar o insight nos dados e na análise. Cada um de nós deve estabelecer uma mentalidade iterativa. Falaremos sobre a democratização das ferramentas e tecnologias na próxima seção; discutiremos a mentalidade certa necessária para a análise diagnóstica. Eu chamo isso de mentalidade iterativa.

O que quero dizer com mentalidade iterativa? Os dados e a análise, a análise diagnóstica, não são perfeitos. Às vezes cometemos erros ou não obtemos o resultado que queremos, mas precisamos repeti-los. Esse tipo de mentalidade deve ser democratizado em toda a organização. No próximo capítulo, falaremos mais sobre dicas e truques para fazer isso, mas, por enquanto, saiba que a mentalidade precisa ser democratizada e que os líderes devem saber que não há problema em não alcançar o resultado desejado na primeira tentativa. O que se deseja é uma mentalidade de aprendizado para avançar com os dados e o trabalho analítico, encontrando continuamente mais e mais análises diagnósticas.

DEMOCRATIZAÇÃO DA ANÁLISE DIAGNÓSTICA — FERRAMENTAS E TECNOLOGIA

Assim como a análise descritiva, as mesmas ferramentas e tecnologias que serão utilizadas podem ser encontradas na análise diagnóstica, com o acréscimo de mais ferramentas e tecnologias. Falaremos agora sobre o conjunto certo de habilidades para utilizar essas ferramentas.

CONJUNTO DE HABILIDADES

Dentro da análise diagnóstica, o conjunto de habilidades que é utilizado e democratizado em uma organização está indo além das habilidades utilizadas para a análise descritiva; agora estamos ficando mais avançados. A primeira coisa a ser discutida, porém, é a democratização da análise descritiva com as ferramentas e a tecnologia *certas*. Voltando à analogia do golfe, agora estamos indo além de um simples jogador iniciante. Talvez estejamos nos tornando mais avançados em nossa habilidade, não temos tantos mulligans [nome que se dá à segunda chance de realizar uma tacada] e sentimos que podemos ir além do primeiro nível do jogo. Então decidimos comprar uma tecnologia melhor. O mesmo acontece com a análise diagnóstica.

Estamos indo além da democratização de habilidades que apenas nos dizem o que aconteceu e estamos democratizando a capacidade de encontrar insights, o "por que", em toda a organização. Se você acha que sua organização não está nesse nível, tudo bem. É possível encontrar bons programas de alfabetização de dados e aprendizado para que os indivíduos capacitem sua organização a encontrar melhores insights e, em seguida, trabalhar com os tridados (discutiremos isso no próximo capítulo, sobre como melhorar a análise diagnóstica).

ESTRATÉGIA DE DADOS

Aqui está uma parte interessante da estratégia de dados e da democratização das habilidades e descoberta de insights. Queremos garantir que as organizações permitam que cada indivíduo tenha um lugar na mesa de dados e análise e na mesa de análise diagnóstica. O que aconteceria se as organizações permitissem que apenas determinadas pessoas ou áreas encontrassem o insight nos dados? Isso poderia ser prejudicial, e aqui está o motivo.

Se nos limitarmos a um grupo seleto de pessoas para encontrar insights, estaremos nos limitando a um número menor de pontos de vista. Pode haver casos em que isso seja importante, e de forma alguma estou sugerindo que precisamos garantir um amplo consenso nas decisões. Mas, se limitarmos as coisas, poderemos permitir que vieses se infiltrem em nossa descoberta de insights. Pense: e se permitíssemos que apenas os analistas de dados encontrassem insights? Primeiro, não estaríamos democratizando bem os dados e, segundo, estaríamos obtendo apenas o ponto de vista deles. Em vez disso, queremos dar a todos a oportunidade de usar sua curiosidade, sua criatividade e seu pensamento crítico (meus 3 Cs de alfabetização de dados) para encontrar insights. Ter mais pontos de vista na mesa pode ser bom e pode nos permitir ver coisas que deixamos passar.

Agora, novamente, não podemos ficar presos em uma paralisia de análise. Não queremos obter o consenso de um grande grupo de pessoas. Podemos receber sugestões e ideias das pessoas, mas, por fim, precisamos chegar a um insight, ao que está acontecendo, e tomar decisões. É por isso que a estratégia de dados é tão importante e que sua organização deve ter um diretor de dados e análise. Se você ainda não tem um, contrate-o! Utilize a estratégia para definir as regras e os regulamentos que você deseja aplicar às coisas, quem toma as decisões etc., mas certifique-se de incentivar toda a organização a se sentir capacitada para encontrar insights nos dados e nas informações que sua organização tem.

ANÁLISE DIAGNÓSTICA — VISUALIZAÇÃO DE DADOS

No Capítulo 5, sobre análise descritiva, discutimos as visualizações de dados. Nós as definimos como a visualização de elementos de dados em diferentes tabelas e gráficos, simplificando-as para os usuários de dados e análise não avançados. Essa foi uma versão resumida da definição da Tableau.[1] Então, como as organizações utilizam as visualizações de dados para encontrar análises diagnósticas? A visualização de dados pode ser essencial.

DASHBOARDS — ALÉM DA ANÁLISE DESCRITIVA

Na análise diagnóstica, não queremos ter de encontrar tendências, padrões ou insights examinando grandes quantidades de dados. Portanto, as organizações podem usar painéis para impulsionar a análise diagnóstica, colocando os grandes conjuntos de dados em um formato simplificado nas visualizações de dados. Em seguida, as pessoas que estão usando a visualização de dados podem filtrar e manipular (não de uma forma ruim) os dados para vê-los de diferentes pontos de vista. Isso é poder. Não gosto de ver apenas uma tabela de números. O que quero ver é uma maneira de filtrar, alterar e me aprofundar nos números. Precisamos simplificar os grandes conjuntos de dados que temos para que as pessoas possam encontrar o insight. Sem simplificar, talvez não encontremos o insight ou encontremos o insight errado. Devemos nos certificar de que nós, como organizações e indivíduos, estamos trabalhando arduamente para facilitar ao máximo a obtenção de insights.

VISUALIZAÇÃO DE DADOS ESTÁTICA

Voltemos ao Capítulo 5, no qual descrevemos a pandemia e as visualizações de dados estáticas. A mesma coisa pode acontecer com a análise diagnóstica. Como estamos empenhados em descobrir "por que" as coisas estão acontecendo, adivinhe só, realmente precisávamos descobrir "por que" as coisas estavam acontecendo dentro da pandemia. Não estamos escrevendo este livro para descrever a qualidade e a precisão das visualizações, mas nos certificaremos de que estamos falando de visualizações pontuais. Na pandemia, poderíamos criar visualizações estáticas para ver o que estava acontecendo e, em seguida, usá-las para conduzir perguntas que poderiam ajudar a descobrir o motivo. Elas também poderiam ser usadas para perguntar se poderíamos visualizar as coisas de forma diferente e obter melhores insights. Isso é fundamental para o que fazemos: essa visualização está servindo ao propósito de nos ajudar a descobrir o porquê, ou podemos mudá-la? Lembre-se da mentalidade iterativa.

ANÁLISE DIAGNÓSTICA — PROGRAMAÇÃO

Falamos sobre programação no capítulo anterior, mas as organizações podem ajudar a gerar insights com a análise diagnóstica por meio da programação. Independentemente da linguagem usada, que deve servir aos propósitos da estratégia de dados, você deve usar a linguagem para gerar insights e um trabalho analítico sólido (se estivermos fazendo análise diagnóstica). A programação será direcionada para o objetivo que desejamos. No nosso caso, podemos criar um conjunto de códigos que podem extrair dados regularmente para nós, e isso poderia impulsionar a análise diagnóstica. Em outros casos, pode ser necessária uma extração *ad hoc*.

Na minha função atual, enquanto escrevo este livro, tenho um engenheiro de dados na minha equipe que atende às solicitações que chegam e, em seguida, pode criar um código para extrair os dados. Agora, na maioria das vezes, se não em todas, ele extrai dados que representarão análises descritivas, mas isso pode gerar novamente perguntas que podem impulsionar o trabalho para encontrar o insight. Às vezes, o código de uso único pode ser usado para descobrir por que as coisas estão ocorrendo. Depois, o código é utilizado a fim de atender à solicitação do insight.

ANÁLISE DIAGNÓSTICA — ESTATÍSTICA

Já falamos um pouco sobre estatística, mas ela é uma das formas de utilização da análise diagnóstica hoje. Obviamente, essa não é uma habilidade democratizada em uma organização. É usada pelos funcionários mais técnicos e profissionais da área de dados e análise, mas, por meio da alfabetização e da fluência em dados, toda a organização pode falar com e por meio da estatística.

EXEMPLOS DE MERCADO — CONTINUAÇÃO DO CAPÍTULO 5

Para encerrar este capítulo, continuaremos com os exemplos do Capítulo 5. Isso nos permitirá avançar na história geral dos quatro níveis de análise, utilizando os mesmos exemplos.

SERVIÇOS DE SAÚDE

Para nos ajudar com os exemplos que usamos no Capítulo 5, copiarei algumas partes para que possamos consultar e conduzir nossa análise diagnóstica. Naquele capítulo, com referência ao serviço de saúde, falamos sobre a utilização de dashboards em um hospital para mostrar quantos leitos o hospital tem e quantos estão ocupados. Outra área que exploramos foi a observação das tendências de uma doença à medida que ela se espalha por uma região. Mencionamos especificamente a Covid-19. Então, com isso, exploraremos como funciona a análise diagnóstica.

Na primeira, analisamos o número de leitos hospitalares existentes e quantos estão ocupados. Por que é importante entender o motivo de as pessoas estarem nos leitos? Do ponto de vista da análise diagnóstica, esse entendimento pode ajudar a prever o número de leitos disponíveis. Se uma doença estiver se alastrando por uma comunidade, pode ser muito importante saber por que as pessoas estão nos leitos, para prever quanto tempo elas ficarão lá e, então, prever a capacidade do hospital de lidar com a doença.

O segundo exemplo foi a Covid-19. É claro que saber o porquê das coisas que acontecem com um vírus que é novo no mundo é muito, muito importante. Agora, a Covid-19 foi um exemplo de mentalidade iterativa. Tudo o que foi compartilhado sobre ela sempre estava correto? Talvez não, mas isso nos deu a chance de iterar. Foi um aprendizado em movimento, e isso é poderoso.

VAREJO

No Capítulo 5, falamos sobre como varejistas como a Target e o Walmart podem utilizar a análise descritiva para entender o estoque e quando abastecer ou estocar novamente. Também falamos sobre como as empresas de varejo podem utilizar a análise descritiva para entender os horários de pico e as estações do ano e, depois, o número de funcionários e o número de horas necessárias.

Para o setor de varejo, a análise diagnóstica pode ser a diferença entre ter prejuízo, ter lucro ou ter muito lucro. Pense no primeiro exemplo de análise descritiva que implementei para entender a oferta e a demanda, o que está acontecendo na economia etc., e por que isso pode levar a uma estratégia mais inteligente sobre o que estocar e quando.

No segundo exemplo que usei, sobre o número de funcionários a se ter no local de trabalho e as práticas de contratação, saber o que está acontecendo e por que pode ajudar a possibilitar decisões mais inteligentes baseadas em dados. Às vezes, a sazonalidade pode entrar em ação, como no caso do membro de minha família. Em alguns casos, o entendimento do porquê pode levar a uma compreensão maior da força de trabalho e dos funcionários da empresa.

MARKETING

Veja o que escrevemos sobre o setor de marketing no Capítulo 5: o marketing pode utilizar a análise descritiva para mostrar o que está acontecendo em uma campanha. Essa é uma informação poderosa e necessária. Não queremos apenas brincar de adivinhar o que está acontecendo. Queremos utilizar a análise descritiva para nos mostrar fatos. O marketing também pode usar a análise descritiva para entender os dados demográficos de sua base de clientes. Novamente, é muito importante conhecer as informações demográficas, e não ficar adivinhando. Enfatizamos que não podemos usar a análise descritiva para criar campanhas que sejam discriminatórias.

O porquê, a análise diagnóstica, pode ser a coisa mais importante para o marketing em geral. Pense nisso por um segundo e pergunte a si mesmo: por que o autor disse isso? Deixe o livro de lado e pense sobre isso... A realidade é que saber por que as campanhas estão ou não funcionando é uma maneira poderosa de criar e impulsionar seu marketing. Se soubermos por que as pessoas são ou não atraídas por nossos produtos devido ao nosso marketing, poderemos mudar sua direção, apresentando um produto e uma campanha de marketing melhores. Se não entendermos por que ou por que não, então, bem, talvez estejamos jogando espaguete na parede e esperando que algo grude. No marketing, a análise, especialmente a análise diagnóstica, deve ser o alicerce das campanhas e do design da campanha. No próximo capítulo, abordaremos algumas técnicas que nos ensinarão a melhorar a análise diagnóstica. E, se você for um profissional de marketing, esperamos que elas o ajudem a melhorar seu trabalho.

FINANÇAS, SERVIÇOS FINANCEIROS E BANCOS

No Capítulo 5, compartilhei minha experiência na criação de análises descritivas para taxas de amortização e de inadimplência. Era importante que a American Express soubesse disso, pois meu trabalho foi realizado após a grande crise financeira. Também discutimos o uso da análise descritiva para entender os produtos, quais são populares e quais não são.

Em meu trabalho pessoal, a compreensão das taxas de amortização e de inadimplência foi muito importante. Quando eu desempenhava essa função, a economia dos EUA ainda estava sofrendo com a crise imobiliária que a atingiu em 2007/2008. Para saber o que estava acontecendo, a análise descritiva era muito importante, e saber por que isso estava acontecendo poderia ser ainda mais crucial. A compreensão de por que isso estava acontecendo poderia ajudar minha empresa a saber o que prever em seguida. Como parte dos dados, se bem me lembro, acho que a análise preditiva já havia sido criada, e eu herdei o relatório. Os dados mostravam o que estava acontecendo e aonde o mês poderia chegar. O porquê poderia ajudar a organização e as pessoas que precisavam desses dados a tomar decisões.

Agora, aqui está um ponto importante: nem todos os dados necessários para entender o porquê virão de dentro da empresa. Os dados externos podem desempenhar um papel fundamental. Os dados externos podem ser obtidos, por exemplo, apenas lendo as notícias e o que está acontecendo nas economias do mundo. Nesse caso, os dados externos nos ajudaram a entender o que estava acontecendo na economia, e quaisquer outros dados poderiam capacitar aqueles que desejam saber o porquê para entendê-lo.

Outro aspecto sobre o qual escrevi no Capítulo 5 para esse setor foi o conhecimento dos produtos e do que é ou não popular. Isso é algo que pode se estender por diferentes setores: por que as pessoas não gostam de nossos produtos ou desse produto específico? Se o mudarmos dessa forma, isso ajudará? Quais são nossos produtos mais populares e o que há neles que os torna populares? De modo geral, entender o porquê por trás dos produtos e sua popularidade pode ajudar a orientar o design do produto e melhorar a capacidade da organização de vender seus produtos e serviços. Se não entendermos o porquê, podemos fazer alterações e projetos que, na verdade, esmagam um aspecto popular de um produto, e perdemos vendas por causa disso. As pesquisas podem ser problemáticas no âmbito dos dados e da análise porque as respostas podem ser usadas a fim de direcionar a pesquisa para o que se acha que pode ser desejado, ou podem ser tendenciosas. No caso de pesquisas, certifique-se de que elas sejam projetadas corretamente, mas os dados qualitativos podem ser poderosos para ajudar a impulsionar a análise diagnóstica de produtos.

CADEIA DE SUPRIMENTOS E LOGÍSTICA

O que escrevemos para cadeia de suprimentos e logística foi curto, mas é importante: "É muito importante ter uma análise descritiva para entender a logística e a cadeia de suprimentos de sua organização ou da economia global."

Pense na pandemia da Covid-19. Pense na cadeia de suprimentos e nos problemas de logística em geral. Ter uma análise descritiva de uma perspectiva de dados internos e externos pode ajudar a conhecer a história, mas o porquê pode nos capacitar a encontrar soluções e superar problemas ou melhorar situações que já estão funcionando bem. Quando vemos problemas na cadeia de suprimentos e podemos descobrir o porquê, como, por exemplo, saber que as paralisações durante a pandemia estavam causando problemas, esperamos poder enxergar além de tais problemas e avançar para o sucesso. Em alguns casos, porém, mesmo quando sabemos ou temos uma boa ideia sobre a análise diagnóstica, é necessário ter paciência, porque talvez não consigamos ir além dela de forma rápida ou eficaz; podemos ficar presos por algum tempo.

Uma observação sobre isso: não se prenda a um processo de pensamento de que os dados produzirão respostas rapidamente. A paciência é realmente uma virtude. Às vezes, e posso pensar na Covid-19 como um exemplo, somos muito rápidos em apresentar os dados, mas depois eles se mostram repletos de problemas. Seja paciente, observe os sinais, pense profundamente nas coisas e use o terceiro C da alfabetização de dados: pensamento crítico. Não pense que os dados lhe darão decisões rápidas e perfeitas. Sim, não queremos nos atolar e ser lentos demais, mas também não queremos ser rápidos demais. Ambos os casos podem ter impactos ou consequências negativas. Em vez disso, trabalhe de forma paciente e inteligente com os dados e a análise em sua mesa, tome decisões inteligentes e baseadas em dados e, em seguida, execute-as.

ÉTICA EM DADOS E ANÁLISE DIAGNÓSTICA

Com a análise diagnóstica, como podemos garantir que estamos usando os dados de forma ética? Algo importante aqui é ser objetivo e aberto para o fato de que os dados podem mostrar práticas antiéticas ou outros aspectos. Se descobrirmos que o "por que" está se inclinando para uma área-chave ou demográfica, mas está ignorando outras, estamos abertos o suficiente para ver o porquê e comunicá-lo? Caso contrário, precisaremos garantir o uso ético dos dados quando virmos algo que pareça estranho.

Outra ação que precisamos garantir dentro do uso ético dos dados é remover nosso viés pessoal. Isso nem sempre está relacionado ao uso antiético, mas às vezes estamos procurando nossas próprias respostas nos dados, em vez de procurar respostas objetivamente. Como as organizações estão usando dados hoje, precisamos garantir o uso ético dos dados e a descoberta e o uso éticos da análise diagnóstica — o porquê.

RESUMO DO CAPÍTULO

A análise diagnóstica é poder, sem dúvida. Saber "por que" as coisas estão ocorrendo ou ter boas ideias sobre elas deve nos capacitar a tomar decisões mais inteligentes. Seja em nossa vida pessoal, em nossas carreiras ou em nossas próprias organizações. Saber o que está acontecendo e acompanhar por que está acontecendo pode ser fundamental para impulsionar um negócio, uma carreira ou nossa vida pessoal. Procure maneiras, em sua carreira e sua vida pessoal, de descobrir "por que" as coisas estão acontecendo, cada vez mais e mais. Em seguida, utilize o "o que" e o "por que" para tomar decisões melhores.

Como você pôde ver neste capítulo, quando uma organização sabe por que as coisas estão acontecendo, pode haver uma melhor tomada de decisão. Quando as organizações tomam decisões melhores, elas são organizações melhores. Agora veremos como podemos melhorar nessas áreas.

DEFINIÇÕES E CONCLUSÕES DO CAPÍTULO

- **Democratização da análise diagnóstica:** a análise diagnóstica deve ser usada por todos. Isso significa que todos precisam de habilidades técnicas avançadas para conduzir estatísticas ou níveis avançados de análise diagnóstica? Claro que não! Mas todos devem ser curiosos e capazes de fazer perguntas sobre os dados. Talvez você não precise ser a pessoa que se aprofunda nos dados. Mas você pode ser a pessoa que faz uma boa pergunta que os profissionais de dados e análise podem aprofundar. Utilize sua capacidade de fazer perguntas eficazes e conduza o trabalho analítico.
- **Análise diagnóstica — múltiplos usos:** utilize os recursos potentes à sua disposição para impulsionar o diagnóstico. A análise diagnóstica é utilizada de várias maneiras no mundo atual.

NOTA

[1] Tableau (nd) What is data visualization? Definition, examples, and learning resources, https://www.tableau.com/learn/articles/data-visualization (arquivado em https://perma.cc/J2M9-VZEZ).

9

Como pessoas e organizações podem se aperfeiçoar na análise diagnóstica

Já discutimos o que é a análise diagnóstica e como ela é usada. Agora discutiremos como as pessoas e as organizações podem se aperfeiçoar e melhorar na análise diagnóstica. Com isso, a primeira coisa que quero discutir é algo que pode se estender a pessoas e organizações, mas que será utilizado de forma diferente. Primeiro falaremos sobre o lado individual da questão.

MENTALIDADE DE DADOS E ANÁLISE — PESSOAS

A análise diagnóstica é o nível de insight da análise. Lembre-se de que a análise diagnóstica consiste em descobrir por que as coisas estão acontecendo. Mas precisamos entender que nem sempre chegaremos a 100% de perfeição sobre o motivo pelo qual algo aconteceu. Podemos chegar perto, mas talvez não consigamos chegar lá completamente, e isso não é um problema. Precisamos nos certificar de que estamos confortáveis com essa incerteza. Isso faz parte da mentalidade que precisamos desenvolver. Se desenvolvermos essa mentalidade, melhoraremos nossas habilidades individuais com a análise diagnóstica.

Como podemos melhorar a mentalidade de nos sentirmos confortáveis com a incerteza em nossos "por ques"? Isso remete a uma mentalidade iterativa. Essa é uma maneira de melhorar sua capacidade de análise diagnóstica: desenvolva uma mentalidade para testar, experimentar e se sentir confortável com apenas parte da resposta. Se estivermos buscando estar 100% convencidos de que temos o "por que" por trás de algo, talvez ainda estejamos procurando o "por que" nos próximos anos. Em vez disso, faça suposições, testes e experimentos com essas suposições. Esta é uma ótima maneira de melhorar seu conforto com a incerteza: testá-la.

Como pessoa, trabalhe e tente criar e desenvolver cada vez mais sua experimentação analítica de dados natural. Sinto que o medo nos domina com mais frequência do que deveria. Seja o medo de estar errado; o medo de que os outros vejam que sua resposta não é exatamente a que precisa ser dada; o medo de sofrer represálias ou de trabalhar em algo que não saiu como você esperava. Esta é outra maneira de melhorar sua mentalidade de dados e análise e a análise diagnóstica: deixe de lado o medo e trabalhe para entender que você está repetindo e aprendendo à medida que avança.

Por fim, quero que você melhore em um aspecto específico, mas amplo: seja mais curioso! Ok, esse é um dos meus 3 Cs da alfabetização de dados. Seja cada vez mais curioso. Faça muitas perguntas. Pergunte "por que" o tempo todo. Quero dizer, você está tentando encontrar o porquê, então talvez deva perguntar o porquê com muito mais frequência:

- Por que usamos esta visualização?
- Outra visualização funcionaria melhor?
- Você examinou os dados desta maneira?
- Por que será que as vendas desta pessoa estão subindo e as desta estão caindo?
- Por que será que este produto está reagindo da maneira que está no mercado e este está reagindo de maneira completamente oposta?
- Será que, se mudássemos isto, as pessoas seriam mais produtivas?

Fazer perguntas é uma coisa boa e pode estimular o trabalho dentro da análise diagnóstica. Precisamos ser cada vez mais curiosos.

Mas temos de tomar cuidado com isso. Não seja curioso ao extremo. Não faça tantas perguntas a ponto de afastar seus colegas de trabalho de você ou de seus dados e do trabalho analítico. Em vez disso, seja inteligente, estratégico, pense bem em suas perguntas e conheça bem seu público. Conhecer o público-alvo pode ser uma vantagem ao fazer perguntas, pois isso pode ajudá-lo a estruturar melhor suas perguntas para a pessoa a quem elas se destinam. Mas e quanto à organização?

MENTALIDADE DE DADOS E ANÁLISE — ORGANIZAÇÕES

As organizações podem desenvolver uma mentalidade de "organização" quando se trata do que falei com relação às pessoas. Precisamos comemorar as vitórias e as derrotas. Para as organizações, a mentalidade que precisam adotar em todos os níveis de análise é a da iteração e a de que não há problemas quando não estivermos totalmente preparados para saber o porquê, e podemos prosseguir com nosso trabalho. Isso pode ser uma mudança para uma organização e seus líderes. Muitas vezes, as pessoas gostam de certeza, querem saber que as coisas estão certas e no lugar certo. Bem, às vezes, com dados e análise, não temos certeza. Precisamos que os líderes apoiem e mantenham essa mentalidade de que não há problema com a incerteza. Não há problema se estivermos apenas parcialmente lá. Não nos importamos se não formos 100% precisos, mas repetimos e seguimos em frente. Certifique-se de que sua organização adote essa mentalidade.

Outra mentalidade que uma organização precisa desenvolver é a de permitir perguntas sobre tudo. Novamente, não estamos falando de perguntas que nos levam a um nível de irritação, mas de perguntas que ajudam a levar adiante a missão e a visão de uma organização. Que coisa poderosa é o fato de uma organização permitir perguntas durante todo o tempo! Pergunte a si mesmo se os membros de sua equipe executiva ou de diretoria aceitam que seus números e dados sejam questionados. Se não, talvez seja necessário trabalhar um pouco essa mentalidade com eles. Queremos que se sintam à vontade se o funcionário mais júnior da empresa chegar e disser: "Ei, talvez eu tenha uma maneira melhor de analisar estes dados do que a que você apresentou. Posso mostrá-la a você?", ou "Ei, por que você usou esta visualização? Você sabia que ela pode ganhar mais vida para seu público ou para encontrar insights se usarmos esta visualização?". Na realidade, deveríamos promover uma cultura de questionamentos como essa, permitindo que todos se sintam parte dela.

Quanto mais uma organização permitir que o questionamento flua por ela, mais capacitada ela poderá ser para entender o porquê das coisas. Imagine que você está perdendo algo porque não se sente confortável com o questionamento de seu trabalho ou de suas ideias. Na realidade, todos nós deveríamos querer que as pessoas façam perguntas inteligentes sobre nosso trabalho e o que estamos fazendo, o que permitiria uma discussão mais aprofundada e mais atenção ao nosso trabalho. Essa é uma maneira poderosa de impulsionar o trabalho analítico e de dados que queremos que ocorra por meio dos quatro níveis de análise.

Observe que esses tipos de mudanças de mentalidade não acontecerão da noite para o dia, mas podem ajudar a capacitar uma organização para obter mais sucesso. Reserve um tempo para implementá-las, desenvolvê-las verdadeiramente e trabalhar a fim de obter os insights que busca.

ANÁLISE DIAGNÓSTICA E O TRIDATA

Ok, agora voltaremos ao que fiz com a análise descritiva no Capítulo 6. Lembre-se de que já existem livros sobre habilidades fundamentais para a análise diagnóstica. Talvez eu aborde alguns deles nessa área, mas quero voltar nossa atenção para o tridata em si e utilizar a análise diagnóstica para aprimorar os principais elementos: solução de problemas, tomada de decisões e execução baseadas em dados. Vamos começar com a solução de problemas baseada em dados.

ANÁLISE DIAGNÓSTICA E SOLUÇÃO DE PROBLEMAS BASEADA EM DADOS

Na verdade, essa pode ser a essência da análise diagnóstica: a solução de problemas baseada em dados. Eis o motivo: quando executamos dados e trabalho analítico em nossa vida, pessoal ou empresarial, para realmente melhorar nossa tomada de decisões, precisamos descobrir "por que" as coisas estão ocorrendo. Quando somos crianças crescendo na escola, quando somos adultos descobrindo coisas, o que fazemos pode ser chamado de solução de problemas.

> Uma definição disso vem da AsQ e, parafraseando, é: definir um problema, apresentar ideias e soluções propostas, avaliar essas soluções,<?> selecionar uma e, em seguida, implementar e repetir tudo.

Essa definição é parecida com o que ensino quando palestro. Precisamos passar por um processo e iterar nesse processo. Agora pense nessa definição com relação à análise diagnóstica — quero que você pense em como pode melhorar isso.

Em primeiro lugar, uma maneira de melhorar seu trabalho de análise diagnóstica com relação à solução de problemas é trazer novas ideias à tona. Como a definição da AsQ nos ensina, estamos apresentando ideias e soluções propostas. Com que frequência voltamos às nossas velhas maneiras de fazer as coisas? Com que frequência voltamos às nossas velhas formas de pensar? Onde nos sentimos confortáveis? Que vergonha fazer isso! Os dados e a análise devem ser algo que nos ajude a iluminar novas ideias, novos pensamentos e novas maneiras de fazer as coisas. Isso pode acontecer na análise diagnóstica, que, afinal, é a parte mais importante dos dados e da análise. Nossa capacidade de apresentar novas ideias é fundamental para o sucesso da análise diagnóstica. O que quero dizer com novas ideias e como isso está relacionado à análise diagnóstica?

A análise diagnóstica é o "por que" por trás das coisas, como eu provavelmente já disse mais que o suficiente neste livro. Se explorarmos apenas ideias antigas que as pessoas reconhecem, sabem, e com as quais se sentem confortáveis, não mudaremos o paradigma. Não estamos trazendo uma nova maneira de ver as coisas, um novo processo de pensamento em relação às coisas, portanto podemos estar apenas reforçando coisas que ocorreram no passado. No âmbito dos dados e da análise, precisamos nos sentir à vontade para criar o futuro e entender o porquê. Agora, observe que isso não significa que o porquê seja algo do passado, algo que já vimos antes; não limite suas ideias e suas propostas de soluções a coisas que ocorreram no passado. Abra a porta para novas possibilidades. O que podemos fazer para expandir nosso entendimento e apresentar novas propostas para capacitar nossa análise diagnóstica e impulsionar nossa solução de problemas baseada em dados? Aqui está uma lista de dicas:

1. Estabeleça uma regra para si mesmo de que, em suas soluções propostas, duas delas sejam coisas novas e diferentes. Faça disso uma regra rígida e estabelecida. Não me importa se essas propostas estão tão fora do campo que talvez nem tenham chance de ser uma possibilidade. Mas o que você fez aqui foi criar a oportunidade para a possibilidade, e eu adoro isso. Se você perceber que uma campanha de marketing foi bem-sucedida, não me importa se a solução for: "O novo filme da Marvel deixou as pessoas empolgadas com X, Y, Z, e acho que essa é uma possibilidade do motivo pelo qual a campanha de marketing foi um sucesso." Ligar o sucesso de uma campanha de marketing ao mais novo filme da Marvel, bem, não sei se isso tem alguma coisa a ver com o assunto, mas agora você está pensando fora da caixa para possíveis ideias e soluções para o porquê.

   Uma observação sobre isso: aprenda a reconhecer e entender a correlação espúria. A correlação espúria é quando duas variáveis estão correlacionadas, mas uma não está influenciando a outra. Pense na correlação espúria como "chance aleatória". Portanto, se você inventar algo inesperado e houver uma forte correlação, dê um passo atrás e reflita sobre isso. Adoro a citação do livro *Snow Leopard* [sem publicação no Brasil] de Category Pirates, que, resumida, diz que precisamos pensar sobre o pensamento e que esse é o melhor tipo de pensamento.[1] Ou seja, pense sobre o que você está pensando. Não leve as coisas ao pé da letra, mas reflita e use o que Cal Newport chama de trabalho profundo.[2] Se simplesmente levarmos as coisas ao pé da letra e presumirmos que elas estão correlacionadas, poderemos entrar em um buraco negro e não encontrar o sucesso que desejamos. Observe as correlações, as relações entre as variáveis, reflita e pergunte a si mesmo: "Isto realmente faz sentido?"

2. Conte com a ajuda de outras pessoas. Há muitas pessoas em sua organização que têm ideias, pensamentos, experiências e formações diferentes, e elas podem ser capazes de quebrar um "bloqueio de ideias" (pense nisso como um bloqueio de escritor... você pode ter um "bloqueio de ideias" em que não consegue pensar em novas ideias). Lembre-se de que todos têm um lugar na mesa de dados e análise — você os está convidando para se sentar à sua mesa? Deixe-os entrar. Informe-os sobre o problema que está resolvendo e os dados que obteve ou está pensando em obter. Permita que eles ofereçam ideias e, de forma alguma, diga a si mesmo que algo é uma ideia idiota... nunca! Se quisermos criar a comunidade necessária para o sucesso dos dados e da análise, as pessoas devem se sentir à vontade para expressar ideias e propostas sobre o motivo pelo qual as coisas estão ocorrendo, sem medo de se sentirem burras, de que suas ideias não possam ser verdadeiras. Aceite as ideias delas e, como ensinam os Category Pirates, pense sobre o que está pensando. Depois, veja se faz sentido.

3. Pronto para pensar fora da caixa? Se não conseguir pensar em novas ideias, faça uma caminhada, afaste-se do que está fazendo e depois volte a isso. Primeiro, caminhar permite o fluxo sanguíneo e o cruzamento de coisas no cérebro, ou seja, do lado esquerdo para o lado direito do cérebro. Deixe as coisas passarem, deixe-as fluir em você. Eis uma história de minha carreira.

   Anos atrás, quando eu trabalhava na American Express, eu tinha um código que não estava funcionando e não conseguia descobrir o motivo. Não sei quanto tempo passei trabalhando nisso, mas provavelmente foi muito tempo. Por fim, me afastei e voltei para descobrir que era um erro com uma vírgula ou ponto e vírgula a mais ou a menos, não me lembro exatamente. Não é que o código estivesse ruim, mas eu havia deixado passar alguma coisa (se bem me lembro, esse código era muito, muito longo, portanto encontrar isso não teria sido a coisa mais simples, e talvez tenha sido agravado pelo fato de eu estar olhando para ele há muito tempo).

   Dê um passo atrás — de verdade, por favor, dê um passo atrás. Lembre-

-se de que não estou escrevendo este livro com os quatro níveis de análise no sentido tradicional. Você pode encontrar esses livros por aí. Em vez disso, espero que este livro molde e forme a mentalidade e algumas "outras" habilidades necessárias para que você tenha mais sucesso com os dados e a análise. Gosto muito dessa ideia de fazer uma pausa e se afastar. Às vezes, precisamos nos afastar e voltar ao assunto. Se você não tem ideia de como se aprofundar mais no diagnóstico analítico, faça uma pausa, converse com alguém, ligue para seu amigo, pai, parceiro ou cônjuge e afaste seu cérebro do assunto.

4. Anote as coisas e apenas trabalhe. Sim, comece a escrever suas propostas e ideias. Comece a idealizar. Se você ficar sentado aqui e editar, editar, editar ou não estiver avançando, simplesmente avance. Eu estava em uma reunião na minha empresa, na semana em que escrevi este texto, e estávamos falando sobre nosso novo modelo de negócios e produto. Uma pessoa fez uma pergunta no sentido de levar o produto ao ponto em que ele estivesse pronto. Bem, como definimos pronto? Precisamos não esperar até estarmos "prontos", precisamos ser experimentadores naturais e trabalhar para alcançar o sucesso que desejamos. Simplesmente mexa-se. Anote as ideias e comece a fazer experimentos.

Com o aspecto de ideação da solução de problemas baseada em dados, esse não é o fim. Não podemos simplesmente criar e apresentar ideias e pensar: "Oba, conseguimos!" Não. Precisamos, então, resolver o problema. Precisamos nos aprofundar e trabalhar com ele.

Na análise diagnóstica, uma maneira de fazer isso é começar a experimentar. Comece a testar ideias. Se você tiver uma ideia, comece a se aprofundar nela. Se você não tiver ideias, comece a pensar e a criá-las. Em seguida, precisamos nos aprofundar. Essa é a parte de análise da análise diagnóstica. Aqui estão algumas etapas ou coisas que podemos fazer para solucionar problemas com base nas informações:

- Primeiro, reúna os dados de que precisa. Você já tem suas ideias e propostas; bem, de quais dados você precisa para responder a essas ideias e propostas? São vários conjuntos de dados? São dados internos (dados dentro de sua organização) e externos (dados fora de sua organização) que o ajudarão? Ótimo, vá e obtenha esses dados. Aqui, você precisa dar vida às suas habilidades de alfabetização de dados e, se você não for um engenheiro de dados, analista de dados ou estiver em uma função que tenha acesso direto aos dados, trabalhe com aqueles que têm. Peça a eles que o ajudem a obter os novos dados de que você precisa para responder às suas propostas.

- Crie uma visualização de dados sobre a ideia que você tem. Você pode utilizar ferramentas como Tableau e Qlik para criar sua visualização de dados. Se você já examinou uma análise descritiva e viu o que aconteceu, agora pode visualizar os dados de uma maneira diferente e começar a desenvolvê-la. Utilize o poder de vários tipos de visualizações e adicione o recurso de filtragem a elas, para que você possa ver as coisas de uma perspectiva diferente.
- Em seu trabalho, você pode formar uma hipótese para cada uma das ideias e propostas que apresentou. Em seguida, você precisa testar essas hipóteses e iterar... voltando à nossa mentalidade iterativa.

Como podemos testar essas hipóteses no trabalho que estamos fazendo? É aqui que você utiliza suas habilidades de "detetive" em dados e análise. Antes de mais nada, seja honesto consigo mesmo se não souber como se aprofundar e encontrar respostas para preencher essa lacuna de habilidades. Encontre livros, cursos de aprendizado e os aspectos em que você precisa melhorar. Além disso, se você acha que não tem as habilidades necessárias, é aqui que sua rede de contatos pode entrar em ação. Você tem um bom relacionamento com os analistas de dados ou cientistas de dados de sua organização ou unidade de negócios? Recorra a eles e encontre maneiras de colaborar e encontrar respostas em conjunto. Ter várias mentes nas soluções propostas pode ser uma coisa boa.

Com nossas "soluções" ou "por ques" recém-descobertos, podemos prosseguir para a próxima parte de nosso tridata com a tomada de decisão baseada em dados.

ANÁLISE DIAGNÓSTICA E TOMADA DE DECISÃO BASEADA EM DADOS

Não podemos nos contentar com nossas habilidades de resolução de problemas e com as soluções propostas que apresentamos. Precisamos decidir o que faremos. Isso é fundamental. Já vi visualizações de dados serem feitas para serem bonitas e legais, mas que valor elas realmente trazem, a não ser mostrar as possibilidades que existem com os dados e uma ferramenta? Mas eu digo, quem se importa? Precisamos obter valor das coisas para tomar decisões. Agora, com toda a justiça, se o objetivo proposto da visualização for apenas criar uma visualização bacana ou praticar e aprender novas habilidades com o profissional de visualização de dados, então ótimo. Mas, se o objetivo é ser realmente baseado em dados em uma organização, precisamos resolver problemas e, em seguida, chegar a uma decisão. A próxima seção abordará a execução da decisão.

Como a análise diagnóstica se concentra principalmente na parte da solução de problemas baseada em dados do tridata, esta seção será mais curta. A chave para desenvolver melhores habilidades com a análise diagnóstica e a tomada de decisões é fazer exatamente isso, tomar uma decisão. Receio que, com muita frequência, estejamos tentando obter o consenso do grupo em relação a um problema ou questão. Queremos ter certeza de que todos estão de acordo e nos apoiam. Bem, adivinhe só, às vezes as pessoas não concordam com as decisões, e isso não é problema. Sim, podemos obter opiniões sobre a decisão que estamos querendo tomar, mas o que precisamos fazer é realmente liderar a decisão. Aqui estão nossas soluções propostas. Nós as dividimos, descobrimos o porquê, refletimos sobre nosso pensamento e, a partir disso, concluímos que essa é a nossa decisão. Lembre-se de que você pode conseguir a adesão, mas não espere o consenso total do grupo. As pessoas podem discordar, mas ensine-as e ajude-as a desenvolver a mentalidade iterativa que diz que isso pode não estar certo, que você está correto. Mas, se esperarmos muito tempo, poderemos ter esmagado qualquer possibilidade de um resultado positivo. Vamos seguir em frente, estudar, aprender à medida que avançamos, e iterar. Estamos tomando essa decisão.

Isso pode ser um exemplo de paralisia da análise ou da perfeição. Queremos ser eficazes e eficientes e, quando temos a mentalidade e a cultura certas em uma organização, sabemos que o fato de discordarmos de uma decisão não significa que ela seja definitiva. Pelo contrário, temos a mentalidade certa baseada em dados que nos permite ter ideias diferentes e a capacidade de iterar e continuar. Com a mentalidade certa, a organização está progredindo e marchando continuamente. Isso é fundamental. Embora eu ache que a análise diagnóstica seja o nível mais importante, isso não significa que ela seja perfeita.

ANÁLISE DIAGNÓSTICA E EXECUÇÃO BASEADA EM DADOS

A fase final de nosso tridata é a execução baseada em dados. Talvez eu tenha revelado o material desta seção na última seção, mas basta executar a solução de problemas e a decisão que você tomou com base nos dados. Você analisou e encontrou ideias. Testou e analisou essas ideias. Refletiu sobre seu pensamento. Então, com eficiência, decidiu o que fará. Agora é hora de executar.

Por meio do processo de tomada de decisão, deve ser decidido como você executará isso:

- O que você fará?
- Quem precisa estar envolvido?
- Quais equipes e pessoas?
- De quais sistemas, se houver, você precisa para executar essa decisão?
- Qual é o cronograma de execução?
- Quando você acha que o fim dessa decisão, se houver, ocorrerá?
- Quando fará a avaliação?

Todas essas são perguntas que você deve responder no processo de tomada de decisão. Depois, basta implementar o plano.

A execução tem a ver com fazer, e não com pensar ou falar sobre fazer. Detesto participar de reuniões ou organizações em que só falamos sobre coisas e há muita conversa fiada, mas nenhuma execução ou estratégia para executar. Precisamos começar a executar. Basta seguir em frente com suas ideias e decisões. Em seguida, é claro, fazemos iterações, e nossa maravilhosa sequência de dados e análise avança.

UMA OBSERVAÇÃO SOBRE O APRENDIZADO

Como informei neste livro, não estou escrevendo isso no sentido tradicional, mas no sentido não tradicional de dados. Portanto, gostaria de acrescentar uma palavra sobre o aprendizado de diferentes habilidades e metodologias para visualização de dados, análise, estatística, teste de hipóteses etc. Se essas são as habilidades que procura, associe-as a este livro. Ambas as habilidades são necessárias, e há livros por aí que você pode adquirir para aprender suas habilidades analíticas. Pense neste livro como sendo sobre as habilidades de mentalidade com relação aos quatro níveis de trabalho analítico, e nos outros livros como sendo sobre as habilidades técnicas. Um casamento ou parceria adequada entre o aprendizado dos dois é a abordagem correta para aprimorar suas habilidades nos quatro níveis de análise.

RESUMO DO CAPÍTULO

Para mim, o nível mais importante dos quatro níveis de análise é a análise diagnóstica. É o nível do "por que" da análise. É quando descobrimos o que está causando as coisas, pelo menos em teoria. Lembre-se de que a correlação não é igual à causalidade, mas não se deixe levar pela ideia de que você precisa fazer as coisas com perfeição. Não, em vez disso, encontre soluções, propostas e por quês diferentes e aja de acordo com eles. Lembre-se da citação do Category Pirates no *Snow Leopard* sobre pensar.

Agora vamos pular do porquê para a previsão na próxima seção de capítulos: análise preditiva.

DEFINIÇÕES E CONCLUSÕES DO CAPÍTULO

- **Análise diagnóstica e mentalidade:** com a análise diagnóstica, quero que você desenvolva uma mente muito curiosa. Precisamos ser capazes de descobrir por que as coisas estão acontecendo. Agora, isso levanta a questão: podemos entender perfeitamente por que as coisas estão acontecendo? Além disso, não queremos ser pegos pela paralisia da análise ou pela paralisia da perfeição. Queremos ter uma mentalidade para conduzir e executar o que estamos entendendo, mas também ter em mente que podemos estar errados e tudo bem. Nós aprendemos com isso.
- **Análise diagnóstica e o tridata:** o tridata tem poder dentro da análise diagnóstica, especialmente quando se trata de solução de problemas baseada em dados. Penso na solução de problemas como um elemento-chave da análise diagnóstica. Queremos resolver problemas e obter respostas. Queremos entender o que está acontecendo. Com o "por que" definido, podemos tomar decisões e depois executá-las. Podemos e devemos nos tornar bons na solução de problemas baseada em dados, especialmente no que se refere à análise diagnóstica.

NOTAS

[1] Category Pirates (2022) *Snow Leopard: How legendary writers create a category of one,* https://categorypirates.substack.com/p/snow-leopard-howlegendary-writers (arquivado em https://perma.cc/T4D7-9G6A).

[2] Newport, C (2016) *Deep Work,* https://www.calnewport.com/books/deep-work/ (arquivado em https://perma.cc/7NC8-B9T8).

10
Análise preditiva

O QUE É ANÁLISE PREDITIVA?

Já abordamos as análises descritiva e diagnóstica, agora abordaremos uma área que pode ser considerada a mais poderosa ou mais brilhante dos dados e da análise: a análise preditiva. Consulte a Figura 4.1.

Depois que passamos do que está acontecendo (análise descritiva) e temos nossas ideias sobre por que isso aconteceu (análise diagnóstica), podemos passar para as coisas preditivas. Isso deve fazer sentido. Voltemos à analogia com o médico. O médico pode nos dizer o que está acontecendo e por que está acontecendo. E ele pode nos dizer o que fazer para melhorar. Isso é bom. Nenhum de nós, pelo menos espero que não, quer viver perpetuamente com problemas de saúde. É a mesma coisa em um ambiente de negócios ou com nossas metas pessoais. Sabemos o que está acontecendo, para o bem ou para o mal, e queremos melhorar, gerar mais receita, obter mais clientes, seja qual for o resultado. Queremos fazer previsões que nos permitam descobrir o que aconteceu depois da previsão, por que aconteceu, e depois voltar com mais previsões. Assim nosso maravilhoso ciclo continua. Veja, é assim que devemos trabalhar com dados e análise, e essa é a mentalidade que devemos implementar em nosso trabalho com dados e análise. Devemos ter a mentalidade de melhoria contínua ao longo do tempo, de progresso contínuo. Vamos dar uma olhada em um exemplo do mundo real enquanto escrevo este texto.

No último trimestre de 2022, nos Estados Unidos, falava-se muito em recessão. Será que já estamos em uma recessão (o que seria uma análise descritiva)? Por que estamos passando por tempos tão difíceis (o que seria uma análise diagnóstica)? Ou, se não estivermos em uma recessão, será que entraremos em uma (o que seria uma análise preditiva)? Provavelmente, havia muitos pensamentos na mente das pessoas sobre o próximo período, se estávamos em uma recessão e se os tempos difíceis as afetariam. Ouvíamos falar de demissões que pareciam ocorrer diariamente. Neste ponto, podemos ver a importância de compreender a análise preditiva e tomar decisões inteligentes. Esse é um exemplo de por que o bom gerenciamento de dados, os dados limpos e a compreensão inteligente de como modelar e executar os dados são importantes para fazer previsões inteligentes em sua empresa e na economia como um todo. Isso é importante. Fazer previsões inteligentes pode literalmente impactar vidas.

TAXAS DE AMORTIZAÇÃO E DE INADIMPLÊNCIA

Voltemos ao exemplo de meu tempo de trabalho na American Express. Uma das coisas que fiz em minha função e que ajudou a criar análises para as taxas de inadimplência e de amortização foi criar algumas análises preditivas. Eu tinha um relatório com mais de setenta slides de PowerPoint e o dividi em seis gráficos. Esses seis gráficos tinham análises descritivas sobre o que estava acontecendo em determinado mês e, em seguida, tinham análises preditivas sobre como o mês poderia terminar. Essa foi uma maneira eficaz de visualizar as coisas para aqueles que estavam recebendo o relatório. O gráfico mostrava: "Ei, isto é o que está acontecendo em determinado mês e isto é o que pode acabar acontecendo."

Agora, isso também é algo que deve ser entendido em previsões e modelagens como esta: o fato de algo PODER acabar lá não significa que acabará. Pense na pandemia. Quantas organizações tinham "pandemia" em suas previsões para 2020? Acho que 0% ou, pelo menos, algo muito próximo disso. E o que aconteceu? O mundo parecia ter se fechado.

Com relação às taxas de inadimplência e de amortização, pudemos ver as previsões, mas e se houvesse algo nos dados que não conhecêssemos? E se houvesse algo na economia que ainda não tivesse chegado ao modelo? Esta é uma parte da mentalidade analítica e de dados: saber que as previsões podem dar errado e errar o alvo, saber que pode haver algo nos dados que não conhecemos e que pode fazer com que nossa previsão seja descartada. Desenvolver essa mentalidade de dados e análise, essa capacidade de mudar e entender os dados e suas lacunas, pode ajudá-lo a ter sucesso com a análise preditiva. Ela faz parte da jornada iterativa e pode levar as previsões mais adiante e melhor.

CLIMA

Outro exemplo de análise preditiva, e no qual vemos previsões com bastante frequência, principalmente se você as verifica sempre, é o clima. Um exemplo recente que aconteceu comigo durante a criação deste livro mostra as previsões meteorológicas e as escolhas que fiz em função do clima.

Em novembro de 2022, eu tinha uma viagem marcada para a Flórida para fazer um workshop sobre dados, mas havia um problema antes de minha viagem: um furacão tardio estava chegando à Flórida. Como eu não conhecia furacões, fiquei preocupado. Dada a possibilidade de haver furacão e uma tempestade de neve em meu estado, decidi ajustar a viagem e partir um dia antes. Também mudei meu voo na volta para casa. Sou grato pelas previsões e pela possibilidade de mudar minha viagem.

Em geral, o clima é algo que vemos o tempo todo. Os boletins meteorológicos usam previsões para nos mostrar o potencial de como será o clima. Eles sempre acertam? Não, claro que não. E sejamos honestos: você já se frustrou com as previsões do tempo? Eu diria que muitas pessoas já se frustraram com elas. Mas, por favor, dê muito crédito àqueles que elaboram as previsões meteorológicas. No livro *O Sinal e o Ruído*, de Nate Silver, aprendi que os analistas meteorológicos merecem mais crédito do que damos a eles.[1]

CORRER UMA ULTRAMARATONA

Ok, este exemplo é pessoal, mas os dados e a análise não são apenas para os negócios — você também pode usá-los em sua vida pessoal. Além disso, espero que, por meio dos exemplos pessoais ou organizacionais que dou, você esteja aprendendo como pode fazer as coisas de forma diferente

Para mim, a corrida decisiva foi a Speedgoat 50k. Usando meu conhecimento da análise descritiva que me foi dado, além de descobrir alguns possíveis por quês, posso trabalhar meu condicionamento físico e meu treinamento para a corrida de 2023, se eu decidir fazê-la. Usar nossas habilidades para decifrar as coisas e encontrar possíveis respostas é fundamental. Depois, não se esqueça de fazer previsões e testá-las.

Um aspecto a ser observado: você pode fazer previsões o quanto quiser, mas é melhor ter um sistema para analisar e verificar essas previsões e ver como elas se saíram. Depois, você pode criar novas análises descritivas e diagnósticas e, em seguida, novas previsões. Para mim, o condicionamento físico é uma parte tão importante de minha vida que, pessoalmente, devo melhorar muito a coleta e análise de meus dados de condicionamento físico e a elaboração de previsões.

CAMPANHAS DE MARKETING

Não seria bom trabalhar em marketing e ter uma bola de cristal que lhe dissesse todas as coisas maravilhosas que ocorreriam por meio de sua campanha e lhe ensinasse a criar a campanha perfeita? Quem deve ser o alvo? Como atingi-lo de forma eficaz e dentro dos limites da lei? O que incluir e o que excluir? Que linguagem você deve usar? Todas essas coisas maravilhosas. Então, pelo pequeno preço de US$59,95, eu tenho a solução mágica para você... Ok, não caia no golpe.

A bola de cristal não existe, não é mesmo? É claro que não! Em vez disso, precisamos nos tornar bons na sequência de dados e análise, avançando em um ritmo forte e eficaz. Usar a modelagem preditiva em campanhas de marketing é uma maneira poderosa e forte de conduzir a campanha, usando dados para ser uma organização de marketing baseada em dados. Use a análise descritiva e a análise diagnóstica para entender as campanhas de marketing anteriores e, em seguida, crie uma modelagem preditiva para projetar o futuro. Seja muito inteligente e calculista em suas análises descritiva e diagnóstica para que possa ser eficiente em sua análise preditiva.

Talvez sua campanha de marketing esteja centrada na retenção dos clientes existentes, então você deve criar previsões sobre como a campanha atrairá novos clientes para a empresa? Não! Não me entenda mal, tenha a mente aberta para entender os possíveis impactos e efeitos colaterais de sua campanha, tanto para o bem quanto para o mal, mas direcione as previsões para o resultado comercial que deseja alcançar.

UTILIZAÇÃO PELO CLIENTE

Na minha empresa atual, o uso do cliente tanto de nosso produto quanto dos produtos das empresas que ajudamos é importante. Se mais pessoas estiverem usando o software — e por usar quero dizer efetivamente usando, e não apenas entrando no software —, então esperamos ver uma forte adesão a ele. O inverso também é verdadeiro. Portanto, é importante promover o uso e a adesão ao software.

Se estivermos possibilitando decisões baseadas em dados, então o trabalho que estou fazendo no data space ajudará minha empresa e nossos parceiros a serem mais bem-sucedidos:

- Posso extrair os fatores relevantes que ajudam a viabilizar a adesão ao software?
- Que conversas posso ter com nossos parceiros para ajudar a

entender quais pontos dos dados são importantes?

- Estou construindo os dados de uma forma que ajudará a iluminar os padrões e as tendências que nos ajudarão a fazer previsões impactantes?
- Estou trabalhando de forma a comunicar às partes necessárias os dados e as informações relevantes para ajudar todos nós a entender o que está acontecendo?

Aqui vemos várias perguntas que podem ser respondidas para nos ajudar a ser mais baseados em dados e mais impactantes. Precisamos de que nossas previsões sejam eficientes, não podemos apenas "esperar" que estejamos fazendo as coisas direito. Para isso, use uma análise sólida.

FUNÇÕES

O mundo da análise preditiva é onde acho que as habilidades técnicas voltam a ser importantes para aqueles que estão criando a modelagem preditiva.

Vamos deixar claro que todos os níveis de habilidade têm um lugar nos quatro níveis de análise, mas eu diria que os dois primeiros níveis são onde residem aqueles que não são profissionais técnicos de dados e análise, aqueles que podem ser solicitados a utilizar dados em suas funções. Os dois últimos níveis, preditivo e prescritivo, são onde residem os mais técnicos.

Precisamos entender que todas as pessoas têm uma função nos quatro níveis de análise, mas isso não significa que todas tenham de ter o mesmo conjunto de habilidades. Os dados e a análise não são de tamanho único, de forma alguma. Quero que cada um de vocês que está lendo isto saiba que não precisa desenvolver as mesmas habilidades que outro profissional de dados e análise. Você não precisa desenvolver as mesmas habilidades que eu tenho em dados e análise — você quer ser tão nerd assim? De modo geral, precisa descobrir onde estão as lacunas de suas habilidades e, em seguida, trabalhar para preenchê-las. Esse é um processo contínuo, e espero que você aprenda a gostar dele.

Na análise preditiva, o trabalho pode ser feito de várias formas, e a maneira de abordá-lo pode ser vista pelas lentes do trabalho, das habilidades e da necessidade que a pessoa tem de usar os dados. Exploremos as diferentes funções que existem na análise preditiva.

LIDERANÇA

A liderança é uma função importante na análise preditiva. Por que isso acontece? Os líderes são aqueles que estão orientando o futuro de uma empresa, logo as previsões podem ser muito importantes para eles. Espero que fazer previsões inteligentes e sólidas seja muito, muito importante para eles. Precisamos que a liderança faça previsões inteligentes e bem-informadas. A liderança deve usar uma abordagem baseada em dados para as previsões, em que a previsão seja um equilíbrio entre os dados e o elemento humano. Vamos nos lembrar de que a liderança pode ter vasta experiência e talento, pensamentos e ideias fortes, mas não podemos nos limitar a isso. Precisamos que a liderança desenvolva essas habilidades para utilizar e ler bem as previsões, combiná-las com suas habilidades pessoais e, então, fazer previsões.

Aqui vemos uma habilidade essencial que os líderes precisam ter para fazer ou entender previsões melhores: a forte capacidade de ler os dados. Os líderes precisam ser capazes de ler bem os dados. Isso pode ser a leitura da previsão, já que ela foi criada a partir das habilidades de profissionais de dados ou não. O líder precisa ser capaz de internalizar os dados e as informações, compará-los e contrastá-los com outras áreas e, em seguida, usar as informações para tomar uma decisão sobre a previsão. Este é um aspecto fundamental: um executivo pode estar lendo uma análise preditiva que foi criada. Isso é ótimo. Leia-a, entenda o que foi criado e execute-a. Um executivo também pode não ter tempo para criar uma análise completa ou uma análise preditiva, portanto, em vez disso, ele está lendo uma análise descritiva, combinando-a com sua habilidade e sua experiência e, em seguida, fazendo uma previsão rápida. O tempo pode não permitir toda a gama de trabalho analítico, portanto os líderes precisam de um bom conjunto de habilidades para ler os dados, internalizá-los, combiná-los com seus pensamentos e experiências e, então, tomar uma decisão preditiva. Aqui vemos um conjunto de habilidades que talvez eu ainda não tenha mencionado no livro, que é a capacidade de internalizar rapidamente os dados e tomar uma decisão. Essa pode ser uma habilidade poderosa em um ambiente de ritmo acelerado. Mas precisamos desenvolvê-la, e não nos apoiar em nossos pensamentos e em nossas experiências.

USUÁRIO FINAL OU COMERCIAL

O usuário final ou comercial dos dados trabalhará principalmente com a análise preditiva do ponto de vista de obter informações daqueles que criam as previsões, lendo-as e compreendendo-as, trabalhando com elas e, em seguida, fazendo previsões a partir da análise. Agora, aqui está uma habilidade que a empresa ou o usuário final precisa ter para trabalhar com a análise preditiva: a capacidade de entender, ler e falar a linguagem da análise preditiva.

Isso significa que a pessoa precisa ser capaz de falar todos os termos técnicos da análise preditiva? Não, de forma alguma. Isso significa que ela precisa ser capaz de se comunicar de forma eficaz com aqueles que estão desenvolvendo a análise preditiva e precisa desenvolver um nível básico de conhecimento sobre análise preditiva (e análise prescritiva, mas falaremos sobre isso no Capítulo 13). Portanto, se você for um usuário final ou comercial de dados, desenvolva um conhecimento básico sobre a análise preditiva, aprenda alguns termos e terminologias, interaja com aqueles que estão desenvolvendo a análise preditiva e trabalhem juntos de forma colaborativa para impulsionar a análise preditiva.

Uma habilidade fundamental que um usuário final ou comercial pode ter para ajudar a impulsionar a análise preditiva em uma organização é a capacidade de fazer boas perguntas. Em seguida, com a rede ou o relacionamento que eles têm com aqueles que desenvolvem a análise preditiva (se você não tiver essa rede ou relacionamento, desenvolva-o), eles podem fazer a pergunta e deixar que esses profissionais de dados e análise comecem a trabalhar.

ANALISTA DE DADOS

Um analista de dados é uma função interessante dentro da análise preditiva. Aqui vemos talvez uma fusão ou uma área cinzenta. Alguns analistas de dados podem estar desenvolvendo análises preditivas, e outros não. Se você é um analista de dados que não progrediu ou não pretende progredir para uma função de cientista de dados, mas tem algumas competências e habilidades, então, por favor, desenvolva a análise preditiva.

Para alguns analistas de dados, é como um usuário final ou comercial de dados. Eles não serão necessariamente a pessoa técnica que cria as estatísticas ou possivelmente a análise avançada, mas trabalharão com os resultados. O analista de dados também pode se aprimorar em fazer perguntas para aprofundar os dados e o trabalho analítico.

CIENTISTA DE DADOS

Essa é uma função que pode trabalhar muito com análise preditiva, seja fazendo estatísticas ou qualquer outra coisa. Os cientistas de dados podem ser utilizados nas organizações para ajudar a impulsionar a análise preditiva.

Um cientista de dados deve trazer sua experiência e seu conhecimento técnico em dados e análise para ajudar uma organização não apenas a criar análises preditivas, mas também a comunicar e ensinar bem sobre análises preditivas. Os cientistas de dados são aqueles que têm as habilidades necessárias para fazer uma análise mais profunda, talvez até mesmo por meio de estatísticas, para ajudar a gerar insights, dados adequados e trabalho analítico em uma organização, mas possivelmente não têm todas as habilidades. Talvez aqui esteja uma lacuna de habilidades que precisa ser preenchida: a comunicação. Lembre-se de que um cientista de dados não é responsável apenas por seu trabalho com dados e análise e, neste capítulo em particular, com análises preditivas. Não, ele também é responsável pela boa comunicação em torno da própria análise preditiva. Se ainda não mencionei no livro, o ingrediente secreto dos dados e do trabalho analítico é a capacidade de comunicação. Se você perceber uma necessidade em si mesmo, se for um cientista de dados ou exercer qualquer outra função, ou se perceber uma necessidade em sua organização, ajude a promover uma melhor comunicação. Crie planos de aprendizado para ajudar a organização a ter sucesso.

Como cientista de dados, você tem a responsabilidade de criar análises sólidas para a organização. Você pode fazer isso com estatísticas, criando modelos estatísticos para ajudá-lo a entender as relações entre os dados. Pode criar estatísticas que serão utilizadas para ajudar a organização a fazer previsões. A análise preditiva pode ser uma área importante para os cientistas de dados trabalharem em uma organização.

ENGENHEIRO DE DADOS, ENGENHEIRO DE APRENDIZADO DE MÁQUINA E ARQUITETO DE DADOS (O BACK-END DAS FUNÇÕES EM DADOS)

Para que a análise preditiva funcione, precisamos de dados bons e sólidos. Nesse caso, temos as funções que englobam o back-end dos dados. Você pode pensar nas coisas como back-end e front-end. O back-end é a construção dos dados e afins, e o front-end é a análise. Entendo que essas funções podem ajudar na análise de front-end, mas estou simplificando e separando/delineando as funções aqui.

A equipe de back-end tem a tarefa de criar os dados. Eles precisam ser criados de forma que todos os quatro níveis de análise possam ser realizados. Em nosso caso, com a análise preditiva, o back-end precisa garantir que a modelagem e a limpeza dos dados sejam tais que a análise preditiva possa ser desenvolvida. Se estivermos lidando com dados inúteis no back-end, podemos confiar neles na análise de front-end? O ditado "entra lixo, sai lixo" pode ser aplicado aqui. Se tivermos dados ruins e fizermos previsões a partir deles, será que acharemos que isso será suficiente e funcionará? Talvez, se tivermos sorte. Em vez disso, vamos garantir que o back-end dos dados, a qualidade dos dados, seja sólido, para que possamos confiar e nos sentir bem em nossa análise preditiva.

FERRAMENTAS E TECNOLOGIAS

No caso da análise preditiva, estamos ficando mais avançados nas habilidades técnicas necessárias. Nem todas as ferramentas serão técnicas *per se*. De fato, algumas das ferramentas podem ser as que os analistas de dados usam, como programação com Python ou R; pode ser que uma seja mais avançada que a outra. A programação é, sem dúvida, um conjunto de habilidades importantes para a análise preditiva.

Algumas ferramentas que podem ser utilizadas aqui são Alteryx, SAP e RapidMiner.[2] Se você não souber quais são essas ferramentas, uma rápida pesquisa no Google pode ajudar a descobri-las, ou a outras. A ciência de dados não é mais uma questão de ter que fazer toda a programação e as partes técnicas. Algumas ferramentas que você pode encontrar por aí foram criadas para ajudar a simplificar a análise preditiva para as pessoas, como o Alteryx. O RapidMiner é outra ferramenta de ciência de dados que não exige que você se aprofunde na programação. O RapidMiner é uma plataforma sem código que permite que o usuário visualize o fluxo de trabalho.[3] As ferramentas estão se tornando melhores para permitir que os usuários finais não sejam os mais técnicos e, ainda assim, conduzam um trabalho sólido de ciência de dados.

Isso é algo a se ter em mente. Historicamente, os dados mais avançados e o trabalho analítico estavam sendo realizados por pessoas com habilidades mais avançadas. Agora as ferramentas e a tecnologia podem simplificar isso para nós. No entanto, uma observação: não compre o objeto mais brilhante apenas porque ele diz que simplificará as coisas. Em vez disso, invista na ferramenta e na tecnologia corretas que serão adequadas à sua estratégia. Pense bem nos produtos, invista com sabedoria, garanta o treinamento adequado e ajude a conseguir a adesão. Não caia na armadilha do "objeto brilhante" e compre uma ferramenta com a finalidade ou a intenção errada. Estude, aprenda e use seus objetivos organizacionais para ajudá-lo a escolher com sucesso a ferramenta e/ou a tecnologia certa.

RESUMO DO CAPÍTULO

A análise preditiva é uma parte poderosa da análise, quando feita de forma adequada. Não queremos desenvolver a análise preditiva apenas pela análise preditiva. Em vez disso, queremos criar uma análise preditiva direcionada quando tivermos utilizado a análise descritiva para entender o "o que" e, em seguida, a análise diagnóstica para o "por que". Agora podemos começar a desenvolver algumas análises preditivas.

Isso pode ser empolgante. Lembre-se de ter sua análise preditiva em um processo ou sistema, no qual temos a mentalidade de que sabemos que nossa previsão pode estar errada, mas também sabemos que aprenderemos e iteraremos. No próximo capítulo, veremos como a análise preditiva é usada atualmente.

DEFINIÇÕES E CONCLUSÕES DO CAPÍTULO

- **Análise preditiva:** é o que parece — utilizar dados e análise para gerar previsões. Queremos prever coisas para que possamos analisar essas previsões e manter a mina de ouro em movimento. Criamos uma previsão, executamos essa previsão e, em seguida, podemos criar análises descritivas e diagnósticas sobre a previsão anterior e criar novas previsões. Que ciclo maravilhoso estamos criando.
- **Análise preditiva e funções:** cada indivíduo pode ter uma função na análise preditiva, mas essas funções variam, é claro. Se você for um usuário final ou comercial, talvez esteja apenas utilizando a análise preditiva para entender as coisas e o que pode estar acontecendo. Em seguida, você pode fazer perguntas sobre os dados e talvez conduzir análises mais descritivas e diagnósticas. Para os analistas de dados, você também pode não criar análises preditivas, mas deve. Os cientistas de dados podem criar essas análises. Engenheiros de dados, arquitetos de dados e engenheiros de aprendizado de máquina (mais envolvidos em análises prescritivas) desempenham um papel fundamental na análise preditiva, pois precisamos de bons dados para criar boas análises descritivas, diagnósticas e preditivas. Liderança, você precisa entender as previsões, ter um conhecimento básico de análise preditiva e ter um olhar aguçado para ver como as previsões estão vinculadas à estratégia de negócios. Se não estiverem, descarte-as e ajude a gerar melhores previsões baseadas em dados.

NOTAS

[1] Silver, N (2015) *The Signal and the Noise: Why so many predictions fail — but some don't*, Penguin Books.

[2] Scheiner, M (2020) 11 best predictive analytics tools (2022 Software Compared), *CRM.ORG*, https://crm.org/news/best-predictive-analytics-tools (arquivado em https://perma.cc/JAD4-V7M3).

[3] Arnaldo, M, intro to Rapidminer: A no-code development platform for data mining, Analytics Vidhya, https://www.analyticsvidhya.com/blog/2021/10/intro-to-rapidminer-a-no-code-development-platform-for-data-mining-withcase-study/ (arquivado em https://perma.cc/M9A6-AHY4).

11

Como a análise preditiva é usada hoje?

Neste capítulo, nos basearemos nos exemplos dos capítulos 5 e 8. Esta é uma continuação daqueles exemplos que nos ajuda a ver a história dos quatro níveis de análise e como eles progridem e trabalham juntos. Esperamos que você consiga extrair ideias desses exemplos e ver como esse processo funciona. Ao ler o texto, você consegue pensar em exemplos e ideias de onde pode ver os primeiros níveis de análise em ação? Consegue ver em que áreas de sua vida pessoal e profissional pode melhorar? Se você encontrar áreas que podem ser melhoradas, não se limite a encontrá-las, anote as lacunas e crie planos para melhorar essas áreas. De que adianta estudar e aprender sobre dados e análise, encontrar lacunas em nossas habilidades, e não planejar melhorá-las? Anote-as e crie seus planos de aprimoramento. Vejamos como a análise preditiva está sendo usada atualmente.

DEMOCRATIZAÇÃO DE DADOS — ANÁLISE PREDITIVA

A democratização da análise preditiva pode ser mais interessante do que a democratização das análises descritiva e diagnóstica. Esses dois níveis de análise provavelmente são mais universalmente democratizados, enquanto a análise preditiva pode ser democratizada ou pode ser mais centralizada em equipes ou áreas de uma empresa. Deixe-me explicar.

No mundo da análise preditiva, lidamos com dados mais técnicos e trabalho analítico, portanto a democratização desse trabalho parece um pouco diferente. O trabalho em si — ou seja, a construção, o projeto, a modelagem etc. — pode estar concentrado em um pequeno grupo de funcionários. Podem ser cientistas de dados, engenheiros de dados, e talvez alguns analistas de dados, que estão fazendo o verdadeiro trabalho analítico e de dados para criar a análise preditiva. Isolar o trabalho nessas profissões é provavelmente o que chamaríamos de oposto da democratização de dados e análise e de análises preditivas, mas é aqui que entra a beleza de uma força de trabalho verdadeiramente alfabetizada e baseada em dados. Não democratizamos o trabalho em si, democratizamos as soluções, as previsões para as massas, e permitimos que elas trabalhem, que seus pensamentos cresçam e se desenvolvam.

Uma de minhas citações favoritas vem do livro *Snow Leopard*, [sem publicação no Brasil], de Category Pirates, e pode ser resumida como: o melhor tipo de pensamento que podemos ter é pensar sobre o pensamento. Outra citação de que gosto é de Albert Einstein: "Se eu tivesse uma hora para resolver um problema, passaria 55 minutos pensando no problema e 5 minutos pensando em soluções." Esta é uma maneira de democratizar a análise preditiva: nós a enviamos para as massas ou para os grupos apropriados a fim de ajudá-los a "pensar" sobre a previsão e tomar decisões. Isso também ilustra uma parte poderosa da sequência de dados e análise: a decisão. Agora recomendarei novamente o livro do meu amigo Kevin Hanegan, *Turning Data into Wisdom*, visto que esse não é um livro sobre o processo de tomada de decisão baseada em dados, mas precisamos refletir sobre essas coisas para sabermos que, quando democratizamos algo como a análise preditiva em uma organização, temos em mente o objetivo final correto. Precisamos que os usuários finais e aqueles que estão recebendo as previsões tenham a capacidade de tomar uma decisão inteligente orientada por dados, e não apenas receber a previsão e depois voltar para o que lhes é mais confortável. Não é assim que funciona se quisermos fazer isso corretamente.

Agora, com a democratização da análise preditiva e para ajudar a tomar uma decisão, será que todos na empresa precisam receber todas as previsões? Expandindo isso, será que todos precisam receber informações sobre cada decisão tomada com base em previsões? É claro que não, portanto não pense que a democratização de dados significa que todos precisam recebê-los. A verdadeira democratização de dados e da análise é dar a todos em uma organização a HABILIDADE de receber ou usar os dados. Não é que todos o façam sempre. A mentalidade, a cultura, a governança de dados e a estrutura de gerenciamento de dados são tais que as pessoas podem recebê-los quando for apropriado. A liderança deve criar uma estratégia e uma cultura de dados e análise que permitam que as pessoas recebam os dados certos no momento certo. Sua estratégia de dados e análise deve apoiar sua estratégia de negócios. Alguns podem pensar que comprar ferramentas é uma estratégia. Não, isso faz parte da estratégia. Certifique-se de que sua estratégia seja usar os dados e a análise para atingir sua estratégia de negócios.

Agora, para expandir a citação do *Snow Leopard* sobre o pensamento, quero esclarecer que há duas maneiras de pensar sobre isso. Com relação a essa citação, meu chefe na época em que escrevi este livro, Derek Adams, da BrainStorm, Inc., fez um comentário sobre um estudo que mostrava adultos e crianças construindo uma pilha de marshmallows, algo assim. Nele, as crianças começam a construir a pilha de marshmallows enquanto os adultos decidem sobre um plano ou uma solução. As crianças se saem melhor. Ambas as coisas são boas. O que importa é o contexto da situação. Em alguns casos, você tem tempo para pensar na solução, para fazer o que Einstein disse. E, em outros casos, o que importa é apenas começar, apenas fazer a bola rolar (mais uma vez, um agradecimento ao Derek por essa analogia com uma reunião de trabalho que tivemos). A realidade é que precisamos entender bem a situação com a qual estamos lidando. Isso se resume a entender o negócio, a sequência de dados e o que estamos fazendo (alfabetização de dados). Uma excelente fonte sobre alfabetização empresarial com dados é Jason Krantz.[1] Ao entender a situação adequadamente, podemos avançar com a análise preditiva democratizada da maneira correta. Se você está lá apenas para tomar uma decisão E é você quem deve receber a análise preditiva, então ótimo, siga em frente e faça seu trabalho. Se você estiver criando a modelagem e a análise preditivas, ótimo, entenda quem deve e quem não deve ter essas informações.

Isso ilustra um componente fundamental para uma cultura orientada por dados: a fluência em dados. A realidade é que a fluência em dados é muito importante. Como madrinha da alfabetização em dados, Valerie Logan, CEO e fundadora da The Data Lodge, ajuda a promover a alfabetização em dados tratando-os intencionalmente como um idioma, chamando-o de Information as a Second Language® [Informação como Segunda Língua] (ISL).[2] Ela acredita que todos nós podemos e precisamos falar a linguagem dos dados até certo ponto, tanto no trabalho quanto em nossa vida pessoal. Precisamos que os usuários do front-end consigam se comunicar bem (falando e ouvindo) com aqueles que criam as previsões e precisamos que as pessoas do front-end consigam se comunicar bem (falando e ouvindo) com o front-end, explicando a previsão e o que foi criado.

DEMOCRATIZAÇÃO DA ANÁLISE PREDITIVA — FERRAMENTAS E TECNOLOGIA

Aqui chegamos à mesma discussão da seção anterior deste capítulo: as ferramentas e a tecnologia não são necessariamente democratizadas, pelo menos não aquelas que são usadas para criar a análise preditiva. Em vez disso, pode ser que a análise preditiva seja usada ou sobreposta nas ferramentas que são democratizadas.

Em primeiro lugar, as ferramentas que exigem codificação e outros trabalhos a serem feitos para a análise preditiva serão ou deverão ser fornecidas àqueles que estão criando a análise preditiva. Essas ferramentas e tecnologias são necessárias para ajudar o indivíduo a criá-la. Portanto, nesse caso, você pode estar falando de ferramentas ou de áreas mais avançadas para linguagens de codificação que são usadas. As ferramentas adequadas são necessárias para que o profissional de dados e análise possa desenvolver a análise preditiva.

Mas como a análise preditiva é recebida por aqueles que podem ser apenas usuários finais ou comerciais da análise? Nesse caso, você pode ver as ferramentas usadas por esses indivíduos, por exemplo o Tableau ou o Excel, como democratizadas e utilizadas para a análise preditiva. Uma maneira pela qual a análise preditiva pode ser usada por indivíduos é que eles recebem os resultados e precisam combiná-los com seu trabalho para que possam tomar decisões mais inteligentes.

Então, depois que a análise preditiva for criada, ela poderá ser usada ou sobreposta às análises descritiva e diagnóstica que estão sendo usadas? Aqui, podemos democratizar as próprias ferramentas, como Tableau, Qlik ou Excel, e os usuários podem usar as informações para seu trabalho. Essa é uma forma de democratizar as ferramentas e tecnologias de análise preditiva em uma organização, embora seja algo mais avançado para que as pessoas criem. Novamente, são necessárias habilidades e conhecimentos sólidos de alfabetização de dados para se utilizar adequadamente a análise preditiva nos processos de tomada de decisão.

ESTRATÉGIA DE DADOS E GOVERNANÇA DE DADOS

À medida que avançamos em direção ao trabalho analítico mais avançado, sua estratégia de dados e seu programa de governança de dados são importantes para a seleção de ferramentas para o mundo da análise preditiva. Suas ferramentas devem ajudar em sua estratégia de dados. Sua governança de dados o ajudará a decidir quem pode ter acesso a quais dados dentro de uma ferramenta e talvez até mesmo quem tem acesso à ferramenta. Primeiro, qual é sua estratégia de dados? Você conhece sua própria estratégia ou a de sua organização? Se não souber, procure-a. Se ela não existir, vá e elabore-a. Sua estratégia de dados, que englobará seu programa e sua estratégia de governança de dados, ajudará a orientá-lo sobre as ferramentas necessárias. Esperamos que esteja claro como isso funciona, mas, se não estiver, examinaremos isso mais detalhadamente.

Defina as funções de sua organização

Sua estratégia, seja ela ampla e extensa ou pequena e você esteja apenas descobrindo as coisas, deve mostrar o uso de dados em toda a organização. Não apenas o uso, mas quem tem acesso, quais funções existem em sua organização, por que essas funções existem e que trabalho elas fazem. Não se esqueça disso, especialmente quando você chegar aos trabalhadores mais técnicos e avançados de dados e análise. Eles têm muito talento e habilidade, e não queremos que fiquem à margem, sem uma direção ou ideias claras. Você deve usar sua estratégia de dados para especificar o que as pessoas farão. Isso não precisa ser tão específico a ponto de exigir um microgerenciamento, mas deve ser feito de forma a permitir que as funções compreendam o que estão fazendo.

Decida como quer que a análise preditiva funcione em sua organização

Utilize sua estratégia para mostrar como deseja que a análise preditiva seja usada. Não recorra a qualquer meio ou a várias tentativas ou, pior ainda, selecione coisas porque são palavras da moda ou muito badaladas. Em vez disso, seja específico sobre como deseja que a análise preditiva funcione em sua organização. Assim, as funções, as ferramentas e as tecnologias poderão se apresentar, e você investirá bem.

Use suas ferramentas com eficácia

Agora, as ferramentas em si. Não falarei de ferramentas ou empresas específicas, mas eu diria o seguinte: escolha as ferramentas que estejam relacionadas aos conjuntos de habilidades que você tem na organização e nas quais você se sinta confortável em mergulhar e utilizar nas funções. Não deixe que o vendedor o convença a usar uma ferramenta porque ela é chamativa, atraente e parece ótima.

Utilize uma tomada de decisão inteligente e orientada pelo pensamento. Teste várias ferramentas. Permita que seus profissionais de dados e análise as vejam. Permita que os profissionais e você mesmo tenham tempo para fazer muitas perguntas. Com a estratégia e a meta finais em mente, dê tempo para tomar a decisão certa. Um exemplo de meu trabalho atual pode ajudar.

Em minha função atual, no momento em que escrevo este capítulo, tenho um engenheiro de dados trabalhando a fim de criar o esquema certo para que tenhamos sucesso no lançamento de um novo produto. Esse esquema ou trabalho de front-end para nossa estratégia de dados precisa ser feito de forma a permitir o desenvolvimento futuro e o trabalho em todos os níveis de análise. Temos o desejo de utilizar testes em torno do uso das coisas. É claro que estamos analisando o famoso e talvez mais amplamente utilizado teste que conheço: o teste A/B. Mas eu gosto muito da análise da cadeia de Markov. Em resumo, o teste A/B consiste em testar uma mudança em algo em relação ao que já existe. A análise da cadeia de Markov é uma maneira divertida de prever para onde algo irá em seguida.[3] Portanto, à medida que meu engenheiro de dados constrói a arquitetura de front-end para nosso novo produto, ela precisa ser projetada de forma sólida, válida e em condições de ajudar a desenvolver a modelagem preditiva que desejo ver para a equipe e a organização. Então, quando estivermos prontos com o front-end, poderemos escolher a ferramenta e a tecnologia corretas para executar toda a modelagem preditiva que criarmos. Mas observe que devemos sempre ter em mente que também podemos ser iterativos com as ferramentas. E adivinhe: se você descobrir que as ferramentas não estão funcionando da maneira que deseja, corte e corra para estudar uma nova ferramenta. Não mantenha uma ferramenta que realmente não funciona para você e sua organização. Acho que as pessoas precisam ter mais autoconsciência; só porque você investiu muito dinheiro em uma ferramenta ou tecnologia não significa que deva mantê-la em operação. Não. Faça iterações, encontre uma que funcione melhor e comece a usá-la.

VISUALIZAÇÃO DE DADOS, STORYTELLING COM DADOS E MAIS

Falamos sobre a visualização de dados e o storytelling com dados, além de outras áreas, à medida que avançamos pelos níveis de análise. Espero que estejamos pintando um quadro sólido da abordagem holística do trabalho analítico e de como ele pode fluir pelos quatro níveis.

VISUALIZAÇÃO DE DADOS

A visualização de dados pode ser uma ferramenta para ajudar outras pessoas a entender a análise preditiva em sua organização. Essa é uma maneira de seus profissionais de dados e análise mais avançados trabalharem com outros profissionais de dados e análise. O que quero dizer com isso é que, se você tem um cientista de dados que executou um modelo preditivo sólido, mas tem especialistas em visualização de dados ou analistas de dados que não são capazes de executar esses modelos avançados, peça a eles que trabalhem com o profissional de dados e análise avançado para criar uma visualização de dados em torno da previsão.

Agora, é preciso entender que nem todas as previsões precisam ser incorporadas a uma visualização, especialmente se você estiver executando uma análise preditiva rápida e pontual. As organizações devem usar sua estratégia de dados e comunicação para ajudar na análise preditiva pontual. Quando as pessoas conhecem suas funções e o que está acontecendo, é mais fácil fazer a análise corretamente. Essa é uma ótima maneira pela qual a alfabetização de dados desempenha um papel crucial em uma organização. Se as pessoas não souberem o que está acontecendo, como os dados estão sendo utilizados para se vincular à estratégia de negócios, isso pode dar errado e não levar a que se atinjam as metas desejadas. Não quero que as organizações fiquem frustradas com o trabalho de análise preditiva e que as pessoas fiquem isoladas. Ter objetivos claros e uma estratégia clara e comunicada pode ajudar nisso.

Utilize a visualização de dados quando apropriado com a análise preditiva. Em um cargo que ocupei, tínhamos a análise preditiva vinculada a uma análise descritiva do que estava acontecendo, e ela era construída em um gráfico. Você pode fazer o mesmo. Permita que isso faça parte da narrativa de dados que você usa como organização para impulsionar o conhecimento sobre a análise preditiva que está sendo desenvolvida na organização.

STORYTELLING COM DADOS

A comunicação pode ser o fator mais importante no trabalho de dados e análise, e isso se aplica à análise preditiva. Quando se está desenvolvendo a análise preditiva, é imperativo que ela seja comunicada de forma adequada e inteligente por toda a organização. Acabei de mencionar a análise da cadeia de Markov. Quantas pessoas em sua organização você acha que sabem o que é isso? Não posso sair por aí mencionando modelos e análises dos quais as pessoas nunca ouviram falar. Mude o texto para que faça sentido para as massas. Certifique-se de que esteja usando o storytelling com dados adequado em toda a organização. No próximo capítulo, falarei sobre como aperfeiçoá-lo.

Para as organizações hoje, a narrativa de dados é uma forma de comunicar os dados e o trabalho analítico, mas receio que ela não seja utilizada de forma tão eficaz quanto deveria. Eu arriscaria um palpite de que a maioria das organizações não está comunicando adequadamente os modelos preditivos que estão sendo usados. Se não souber em sua organização, vá até lá e descubra. Faça anotações sobre como você vê os dados sendo comunicados em toda a organização. Se você encontrar lacunas, preencha-as. Se achar que isso não está sendo bem feito, seja a estrela que o impulsiona.

PROGRAMAÇÃO

A programação será uma área fundamental na forma como a análise preditiva está sendo utilizada nas organizações. Os profissionais avançados de dados e análise a utilizarão para ajudar a criar a análise preditiva. Talvez aqueles que não são tão avançados possam usar alguma linguagem de programação para ajudar a criar as visualizações de dados que contêm a análise preditiva, ou talvez não. Por fim, os usuários finais e comerciais provavelmente não usarão a programação, mas receberão o trabalho que foi feito por aqueles que sabem programar.

ESTATÍSTICAS E PROBABILIDADES

Espero que não seja necessário informar isso, mas, para a análise preditiva, as pessoas e as organizações precisam usar estatísticas e probabilidades em todo o trabalho. Não podemos criar a análise diagnóstica, descobrir os porquês e, em seguida, colocar o dedo no ar e esperar que nossa suposição nos leve aonde queremos chegar. NÃO! Em vez disso, utilize estatísticas e probabilidades para ajudar a influenciar seu trabalho de previsão. Não aceite apenas o que os dados dizem. Traga o elemento humano para as estatísticas e probabilidades e impulsione a previsão. Uma de minhas coisas favoritas é pensar. Reflita sobre as estatísticas e as probabilidades e, em seguida, tome decisões. Não fique preso à perfeição ou à paralisia da análise, mas também não tire conclusões precipitadas.

EXEMPLOS DE MERCADO — CONTINUAÇÃO DO CAPÍTULO 8

Para concluir este capítulo, continuaremos com nossos exemplos do setor e aplicaremos a análise preditiva.

SERVIÇOS DE SAÚDE

Com os dois primeiros níveis de análise, descritiva e diagnóstica, havia poder para ajudar a tomar decisões inteligentes durante a pandemia da Covid-19. Ao utilizar os dados recebidos e ao lidar com o desconhecido, foram feitas previsões durante a pandemia. Essas previsões estavam sempre certas? É claro que não! Algumas podem ter chegado mais perto do que outras, e, sim, algumas podem ter sido feitas com vieses incorporados para atender a um resultado desejado (e não, não deveríamos usar dados e análise para atender às nossas necessidades. Espero não precisar escrever sobre isso, mas, por favor, não seja subjetivo com seus dados e seu trabalho analítico; seja objetivo e use-os para promover metas, objetivos, sonhos etc.). O segredo é absorver as informações e iterar, fazer previsões mais inteligentes baseadas em dados e seguir em frente. Deveríamos coletar dados sobre a crise de saúde e seguir em frente para tomar decisões inteligentes.

Um exemplo que temos usado é o dos leitos hospitalares. Como você pode imaginar, a previsão da capacidade dos leitos hospitalares é de vital importância. Há um hospital infantil relativamente perto de onde moro que recentemente suspendeu as cirurgias eletivas devido às doenças que estão circulando. Os leitos estão todos ocupados, e espero que eles estejam usando a modelagem preditiva de alguma forma para entender as necessidades dos quartos e tomar a decisão de não realizar cirurgias eletivas. A modelagem preditiva no setor de saúde é de vital importância.

VAREJO

Enquanto escrevo este capítulo, a temporada de compras de fim de ano está chegando. Durante essa época, é importante que as empresas de varejo saibam a quantidade de estoque que devem ter. Usando a modelagem, elas devem ser capazes de utilizar a análise preditiva de forma eficaz para determinar a quantidade de estoque a ser mantida e como tomar decisões sobre os compradores.

Com o exemplo do funcionário que mencionei, para as organizações que desejam aumentar as contratações ou trazer trabalhadores sazonais para as festas de fim de ano, fazer isso por meio da metodologia de "melhor estimativa" pode funcionar, mas também pode não funcionar. Em vez de apenas adivinhar e ter muitas pessoas na equipe e pouco trabalho, as organizações podem utilizar o poder preditivo para trazer pessoas quando necessário. Dito isso, as empresas de varejo precisam ser inteligentes em relação a isso e iterar, pois podem descobrir que o modelo previu muitos ou poucos funcionários. Veja, lá vou eu de novo com a mentalidade iterativa. Precisamos ter isso como parte de nossa mentalidade para o trabalho com dados e análise.

MARKETING

Que empresa que você conhece entra em uma campanha de marketing e diz: "Sabe, espero que não consigamos mais clientes" ou qualquer que seja o objetivo da campanha? Bem, adivinhe, não, não é isso que elas dizem. Seja para atrair novos clientes, vender aos clientes existentes um novo produto ou construir a marca, o marketing quer o sucesso. A modelagem e a análise preditiva sólidas são uma maneira de obter esse sucesso.

Utilizando a análise preditiva, juntamente com as análises descritiva e diagnóstica, as organizações podem utilizar o marketing para sua base de clientes. Usando essas coisas de maneira ética e apropriada, as organizações podem utilizar a análise preditiva para ver e prever como certas coisas funcionarão com sua base de clientes ou não clientes. A análise preditiva não é uma bola de cristal perfeita, mas espera-se que o marketing a esteja usando de tal forma que a bola de cristal ajude a moldar a maneira como as organizações querem que as coisas sejam feitas.

FINANÇAS, SERVIÇOS FINANCEIROS E BANCOS

Acho que esses setores não usam a análise preditiva de forma alguma... Estou brincando. Espero que eles a estejam usando amplamente! Pense nisto: quando um banco concede a você um empréstimo para algo substancial, ele vai querer saber sobre sua capacidade de pagar. Isso significa que a modelagem preditiva é perfeita? Não, claro que não! E, de fato, ela causou problemas no setor financeiro ao negar empréstimos, mas o algoritmo da caixa-preta pode ter sido falho.

Em determinada função na American Express, herdei a modelagem preditiva das taxas de amortização e de inadimplência. Isso é muito importante! Entender quanto pode ser amortizado pode ajudar um banco ou uma empresa de serviços financeiros a saber quanto dinheiro deve manter em reserva. As previsões que foram feitas em torno da crise imobiliária e financeira de 2008 eram um lixo ou não foram levadas a sério por um número suficiente de pessoas. Aqui precisamos perceber que as previsões não podem ser simplesmente feitas e ignoradas. Se quisermos ter o máximo de sucesso possível, temos de considerar que as previsões são boas, mas talvez o mais importante seja como as usamos e como aprendemos com elas.

CADEIA DE SUPRIMENTOS E LOGÍSTICA

A modelagem preditiva na cadeia de suprimentos e na logística pode ser de vital importância. Com a pandemia da Covid-19, houve um problema na cadeia de suprimentos. Ter uma sólida compreensão do que está acontecendo (análise descritiva) e por que está acontecendo (análise diagnóstica) pode ser fundamental para ajudar a criar previsões sobre isso. Se houver uma crise na cadeia de suprimentos, saber o que fazer em seguida pode ser a chave para ajudar a resolvê-la. Pode ser que sejam alguns passos adiante, mas uma previsão de hoje pode levar a outra e a outra. Então, utilizamos os três primeiros níveis para nos ajudar a sair da crise.

ÉTICA EM DADOS E ANÁLISE PREDITIVA

Da mesma forma que nas análises descritiva e de diagnóstico, uma área importante com a qual se deve ter cuidado na análise preditiva é o uso ético das previsões; é fundamental que a análise preditiva não seja discriminatória. Precisamos garantir que estamos desenvolvendo a análise preditiva de forma objetiva e com uma mentalidade ética. Os dados e a análise devem ser objetivos e não tendenciosos. Agora, alguém pode dizer que, se usarmos máquinas para fazer isso, os códigos e as máquinas podem ser criados por um ser humano. Isso é verdade, portanto precisamos garantir que tenhamos uma sólida alfabetização de dados que nos permita entender os dados de forma objetiva e questioná-los adequadamente.

Outra área dos dados e da análise que se relaciona com a análise preditiva e a ética é nosso viés pessoal. Assim como nas análises descritiva e diagnóstica, estamos analisando os dados de forma objetiva ou estamos buscando respostas? Se procurarmos respostas que estejam de acordo com nossas crenças, não estaremos analisando os dados de forma objetiva. Vamos nos certificar de que analisamos objetivamente a análise preditiva e usamos essas previsões de forma adequada.

RESUMO DO CAPÍTULO

A análise preditiva é o que diz ser: estamos prevendo coisas. No entanto, devemos ter um uso sólido das análises descritiva e diagnóstica para nos ajudar a fazer previsões seguras. As previsões são muito usadas atualmente. Isso significa que são boas previsões? Claro que não! Precisamos de uma abordagem sólida e holística de todos os níveis de análise para fazer previsões sólidas que nos levarão adiante para gerar melhores resultados.

DEFINIÇÕES E CONCLUSÕES DO CAPÍTULO

- **Democratização da análise preditiva:** a democratização da análise preditiva é uma questão interessante. Será que todo mundo vai criar essas análises? Não! Mas as partes interessadas precisam conhecê-las, especialmente se envolverem suas funções ou unidades de negócios. As previsões em si podem ser democratizadas, as informações, mas o trabalho não será necessariamente democratizado. A análise preditiva é mais avançada e ficará a cargo de profissionais de dados e análise mais avançados.
- **Análise preditiva na estratégia de dados:** precisamos nos lembrar de não nos precipitar com a análise preditiva. A análise descritiva é onde as empresas estão presas, e a preditiva e a prescritiva são onde as empresas gastam muito dinheiro, pois são os níveis mais interessantes. A análise diagnóstica é a que fica para trás. Em uma estratégia de dados, a análise preditiva precisa ser utilizada corretamente. Crie boas previsões com os dados depois de obter uma compreensão e um conhecimento sólidos com as análises descritiva e diagnóstica. Certifique-se de que suas previsões também estejam vinculadas às metas e aos objetivos da empresa. Poderíamos criar algumas previsões muito legais, mas e se elas não estiverem vinculadas a nada? Bem, isso pode ser muito ruim.

NOTAS

[1] https://www.linkedin.com/in/jasonkrantz/.

[2] The Data Lodge: https://www.thedatalodge.com/ (arquivado em https://perma. cc/5UC7-5KKY).

[3] Para mais sobre Markov chains, veja https://www.upgrad.com/blog/markov-chains/ (arquivado em https://perma.cc/QB7E-WAHX).

12

Como pessoas e organizações podem se aperfeiçoar na análise preditiva

Já falamos sobre o que é a análise preditiva e como ela está sendo usada. Agora falaremos de um de meus queridinhos: como as pessoas e as organizações podem se aperfeiçoar na análise preditiva. O aperfeiçoamento na análise preditiva abrangerá aspectos técnicos e não técnicos. Vamos começar pelos aspectos não técnicos.

MENTALIDADE DE DADOS E ANÁLISE — ANÁLISE PREDITIVA

A mentalidade certa é fundamental para a análise preditiva. As previsões sempre se concretizam? Claro que não! Mas isso não significa que todos tenham essa mentalidade. Alguns exemplos de como as mentalidades diferem e como abordamos e lidamos com as previsões podem nos ajudar a entender a mentalidade necessária para a análise preditiva.

Um exemplo que uso quando falo é o de uma eleição nos Estados Unidos. Não falarei de política aqui, mas a eleição mostra um bom exemplo da mentalidade errada (sem mencionar a má concepção das previsões que foram divulgadas). A eleição presidencial de 2016 é um excelente estudo de caso sobre previsões e o que não se deve fazer em termos de mentalidade.

Na eleição presidencial de 2016, as previsões estavam tendendo para Hillary Clinton; em alguns casos, estavam fortemente inclinadas para ela. Quando a eleição ocorreu, acho que alguns pensaram que a vitória estava garantida. Mas a questão é a seguinte: há dois lados em uma previsão. O que quero dizer com isso é que se algo, qualquer coisa, tem 70% de chance de acontecer, isso significa que 7 em cada 10 vezes isso acontecerá, e 3 em cada 10 vezes, não acontecerá; ou 30 em cada 100 vezes, ou 300 em cada 1.000 vezes, ou 30 mil em cada 100 mil vezes... Você entendeu o ponto. Setenta por cento é uma probabilidade alta, mas, em 3 de cada 10 eleições, Hillary Clinton não venceria. Acredito que houve pelo menos uma previsão que foi superior a 70%. Agora, não vamos falar de mais nada sobre a eleição além das previsões e da mentalidade em relação a elas (e podemos falar sobre a maneira como as previsões foram elaboradas mais tarde, se for o caso). Como as pessoas reagiram ao resultado da eleição?

Algumas pessoas não ficaram nem um pouco felizes! Essa é a mentalidade errada, e não estou me referindo a se você ficou feliz ou não com a eleição. Não, estou falando da mentalidade de ter muita confiança de que o que foi previsto é o que acontecerá. Não estou dizendo que você não pode ter confiança, não. Estou dizendo que todos nós provavelmente podemos melhorar nossa mentalidade para entender que as previsões não são uma ciência perfeita. Não sabemos completamente sobre as coisas. Em vez disso, desenvolvemos a mentalidade correta, a mentalidade iterativa. A mentalidade é importante. Analisar as previsões e saber que, com 95% de chance de algo acontecer, isso significa que 5 em 100 vezes isso não acontecerá como pensamos. Não é muito, mas é alguma coisa. Precisamos ter a mentalidade certa com relação às previsões, e essa é uma maneira de melhorar a análise preditiva. Vejamos outro exemplo: esportes.

A MENTALIDADE IMPORTA

Com que frequência torcemos pelo azarão? É algo que acontece com frequência. Mas deixe-me perguntar o seguinte: o que significa ser um azarão? Significa que você não é aquele que deveria vencer (ou seja, a previsão não está a seu favor. Mas esperamos que isso aconteça; reviravoltas podem ser divertidas). Temos a mentalidade de que isso pode acontecer. No entanto, nas eleições, talvez não nos convençamos de que isso pode ser verdade. Podemos ver as diferenças entre essas duas coisas. Esse é um aprimoramento que precisamos ter, portanto falaremos mais sobre isso.

O que nos faz gostar dos azarões ou esperar que essas situações aconteçam? Uma coisa pode ser o fato de estarmos acostumados a ver algo assim acontecer. Então, como podemos desenvolver nossa mentalidade para sermos abertos como somos com os azarões se não estamos acostumados a ver isso acontecer? Primeiro, precisamos desenvolver uma mentalidade aberta de dados e análise, o que significa que desenvolvemos a compreensão de que os resultados, embora prováveis, podem não ocorrer. Isso é algo que podemos dizer a nós mesmos e, a partir daí, nos preparar para os resultados que podem ocorrer. Aqui está outra maneira de desenvolver essa mentalidade.

Podemos desenvolver a capacidade de analisar os possíveis resultados: aqueles que atingem a previsão, aqueles que não atingem e aqueles que podem atingi-la parcialmente. Ao analisar os possíveis resultados e seu impacto, podemos desenvolver o talento e a capacidade de ver os outros lados. Isso pode nos ajudar a lidar com o impacto e os resultados, além de iterar e avançar no processo.

Agora, a mentalidade citada está realmente focada nos indivíduos? Como as organizações podem utilizar esse tipo de mentalidade ou aprimorá-la? Primeiro, as oportunidades de aprendizado e a parte da alfabetização de dados são vitais. Portanto, uma organização pode oferecer as oportunidades certas de aprendizado. Não me estenderei muito neste momento sobre as oportunidades de aprendizado no que diz respeito a fazer cursos, no entanto saiba que essas oportunidades precisam estar presentes. Mas como podemos desenvolver oportunidades de aprendizado ou como podemos permeá-las na organização? A comunicação adequada é fundamental para isso. À medida que as organizações criam previsões, as compartilham e tomam decisões sobre elas, se torna vital a comunicação sobre como tais previsões foram criadas, como a decisão foi tomada e os possíveis resultados. Ao criar previsões:

- É necessário que haja confiança de que o projeto foi bem construído.
- É necessário que haja compreensão da decisão e de quem a está executando.
- É necessário que haja comunicação sobre tudo isso e sobre os possíveis resultados.

Essas são coisas que as organizações podem fazer para melhorar a mentalidade.

Outra maneira pela qual a mentalidade pode ser incorporada à análise preditiva na organização é uma parte bem definida da estratégia de dados e análise que molda a abordagem iterativa dos dados e do trabalho analítico, especialmente com relação às previsões. As previsões não são perfeitas, e a abordagem holística do trabalho analítico e de dados — em que estamos sempre aprendendo, crescendo e utilizando as análises descritiva e de diagnóstico repetidamente — é a forma como precisamos abordar a análise preditiva.

Por fim, podemos falar de uma de minhas coisas favoritas em dados e análise (além de um dos meus 3 Cs de alfabetização em dados): curiosidade.

À medida que as previsões são construídas, quão confortáveis ficam os profissionais de dados e análise se as pessoas vierem e questionarem, de uma boa maneira, o que eles estão fazendo e se eles poderiam abordar o assunto de uma maneira diferente? Este é um aspecto da mentalidade em relação à comunicação e à realização do trabalho analítico e de dados: estamos confortáveis com nosso trabalho, mas será que estamos confortáveis com as pessoas que o questionam?

Outra maneira de questionar a análise preditiva é, após vermos o resultado, perguntar o que aconteceu, por que aconteceu, o que fez com que acontecesse. E podemos desenvolver a mentalidade de que possamos estar errados, mas podemos trabalhar para melhorar continuamente.

ANÁLISE PREDITIVA E O TRIDATA

Já mencionei isso antes, mas há livros sobre como fazer estatísticas e criar previsões. Não abordarei o aspecto técnico neste livro. Em vez disso, nos aprofundaremos na análise preditiva, na solução de problemas, na tomada de decisões e na execução baseadas em dados. Começaremos com a solução de problemas baseada em dados dentro da análise preditiva.

ANÁLISE PREDITIVA E A SOLUÇÃO DE PROBLEMAS BASEADA EM DADOS

Como podemos melhorar nossa análise preditiva e a solução de problemas baseada em dados? Uma das principais áreas em que podemos fazer isso é em nossa capacidade de analisar as previsões, o que estamos prevendo e o problema que estamos analisando especificamente. Seja realmente bom em pensar nos dados e no problema que está resolvendo, entenda realmente como o problema se relaciona com as metas da organização e como a previsão ajuda no problema em si. Essa é uma questão interessante. Isso requer habilidades técnicas? Acho que não. As habilidades técnicas podem ajudar aqui? Sim, elas podem nos ajudar a fazer as coisas, mas o que quero que você pense é: quão bem eu penso sobre os dados? Até que ponto eu medito e pondero sobre o resultado e o problema? Agora, você pode dizer a si mesmo: "Não tenho tempo para isso." Sim, você tem! Entendo que a maioria, se não todo mundo, tem ou diz que tem um trabalho muito intenso. Isso não é problema. Você pode encontrar tempo. Provavelmente, há muito trabalho que não precisamos fazer. Além disso, o trabalho de pensar e ponderar pode render mais dividendos do que o trabalho intenso. A realidade é que o trabalho intenso não é necessariamente um trabalho eficaz. Precisamos nos concentrar em um trabalho realmente eficaz, que ajude a impulsionar nossas organizações.

Como indivíduo, você pode se tornar realmente bom em entender o problema e como o está abordando e, em seguida, melhorar sua capacidade de trabalhar com os profissionais de dados e análise para comunicar as necessidades e os desejos de uma previsão. Se você é o indivíduo que está criando a previsão, sua função é entender como o problema está sendo resolvido e os resultados comerciais da organização, e seu trabalho é ser bom em ouvir as pessoas que lhe comunicam a necessidade e, em seguida, responder às perguntas delas. Isso permitirá que desenvolva previsões mais sólidas que possam ajudar na solução de problemas. Os profissionais e não profissionais de dados e análise que trabalham em conjunto e compreendem os possíveis resultados podem ajudar a conduzir a melhor solução de problemas baseada em dados possível.

Um exemplo, voltando à nossa eleição, pode nos ajudar a entender a solução de problemas baseada em dados e como podemos melhorar a análise preditiva. Uma maneira de melhorar nossa análise preditiva e a solução de problemas baseada em dados é fazer retrospectivas. Quando estamos analisando as previsões, dar um passo atrás e comparar a análise preditiva com o resultado pode nos permitir dissecar o resultado e a previsão e, talvez o mais importante, como criamos a previsão. Ao entender como uma previsão é construída, podemos nos aprofundar e aplicar nossa solução de problemas e trabalhar com a previsão.

Com a eleição presidencial de 2016 nos EUA, podemos observar como as previsões foram elaboradas (convenhamos, algumas foram mal elaboradas) e, em seguida, aplicar uma maneira melhor de ver as coisas para previsões futuras, nesse caso, eleições futuras. Precisamos entender qual problema estávamos resolvendo e como as previsões funcionaram, para melhor ou pior. Então, talvez nossos aprendizados nos ensinem a resolver melhor os problemas com base em dados e a melhorar nossas previsões.

Lembra-se das regras que usei com a análise diagnóstica? Vamos continuá-las aqui com a solução de problemas baseada em dados e a análise preditiva:

1. Estabeleça a regra de que, com as soluções propostas, você tenha um bom entendimento delas e crie pelo menos uma previsão por solução. Permita que isso o ajude a criar uma fila ou sequência de resultado para a solução do problema, para as soluções e para as previsões das soluções. Está vendo como tudo isso funciona em conjunto?

O que queremos é saber qual é o resultado comercial. Em seguida, queremos entender a análise descritiva em torno do resultado. Depois, com a análise diagnóstica construída, podemos pensar nas soluções propostas. Com cada uma das soluções propostas implementadas, criamos uma previsão a partir de cada uma delas. Então, monitore-as.

2. Este não é o mesmo número 2 do Capítulo 9 — que será o número 3 deste capítulo. O número 2 é criar um bom processo de monitoramento e revisão. Você precisa monitorar como as coisas estão indo. É possível criar análises descritivas e diagnósticas à medida que elas avançam. Mas tenha um processo de revisão em vigor para garantir que sua construção seja sólida e que você possa aprender e iterar. Faz sentido criar uma previsão que você não monitora? Claro que não!
3. Novamente, conte com a ajuda de outras pessoas. Você precisa ter as vozes certas na mesa certa para a análise preditiva que está desenvolvendo. Ao monitorar o andamento de tudo isso, não se isole em uma câmara de eco para entender o desempenho das coisas. Recrute outras pessoas, aprenda com elas e entenda o que está acontecendo. Outras pessoas podem ter perspectivas diferentes e podem ser capazes de se aprofundar cada vez mais nos problemas. Esperamos que possamos ver perspectivas boas e fortes em diferentes áreas.
4. Vou repetir minha regra para a análise diagnóstica: se você não conseguir pensar em como prever as coisas ou se estiver com dificuldades para entender as previsões que foram feitas, saia para caminhar. Dê a si mesmo algum tempo para se distanciar e realmente despertar seu poder de raciocínio para o sucesso. Sim, vivemos em um mundo acelerado e temos empregos, mas acho que só o fato de pensar um pouco mais pode ser algo poderoso. Se você ainda não ouviu falar da minha regra dos 15 minutos diários, precisa ouvir. Há 1.440 minutos em um dia. Um por cento de seu dia é 14,4 minutos, vamos arredondar para 15. Anote, 15 minutos diários: 15 minutos por dia para pensar nos dados e na análise que estão à sua frente. Se estiver trabalhando com análise preditiva, ótimo, pense em análise preditiva. Se for um diagnóstico, ótimo, pense na análise diagnóstica. Você precisa se dar tempo para pensar nos dados e trabalhar, e precisa disso para avançar.
5. Se você estiver com dificuldades para prever coisas ou entender a análise preditiva que lhe foi fornecida, quero que escreva em um diário e anote as coisas. Comece a escrever seus pensamentos e suas ideias. Não precisa ser nada grande ou científico. Se você estiver preso e não tiver certeza do que fazer, simplesmente comece a fazer alguma coisa. Já ouviu falar da frase "jogue espaguete na parede e veja o que gruda"? Jogue ideias diferentes ou comece a escrever suas teorias. Comece a escrever, comece a trabalhar, comece a pensar.

Com a análise diagnóstica, começamos a discutir que a ideação não é o objetivo final, mas que você precisa se aprofundar. Vamos seguir essas etapas com a análise preditiva:

- Primeiro, reúna os dados ou as ideias de que você precisa. Com a previsão, espera-se que você já tenha os dados que permitiram a formação da análise diagnóstica. Depois, quero que você comece a pensar nos dados e no que precisa fazer para criar a análise preditiva. Pode ser apenas comunicar-se com as pessoas certas ou pode ser que você seja o único a criar a análise preditiva. Mas, para ter sucesso, você precisa ter as ideias, as pessoas e os dados certos.
- Crie sua análise preditiva (no Capítulo 9, foi criada a visualização de dados com análise diagnóstica). Novamente, isso pode assumir algumas formas. Pode ser que você precise trabalhar primeiro com aqueles que desenvolvem a análise preditiva ou pode ser que você a desenvolva. Mas a chave é fazer o que precisa ser feito, ou, como diz meu chefe, Derek Adams, CTO da BrainStorm, Inc., fazer a bola rolar.

Portanto, vimos como a análise preditiva desempenha um papel na solução de problemas. Estamos vendo como ela pode desempenhar um papel direto na solução de problemas, pois estamos criando previsões, e isso pode nos ajudar a ver se nossas soluções estão corretas. As previsões podem nos ajudar a ver se nossa análise diagnóstica estava correta. Vamos passar para a tomada de decisão baseada em dados.

ANÁLISE PREDITIVA E A TOMADA DE DECISÃO BASEADA EM DADOS

A análise preditiva é uma maneira de confirmar e trabalhar com a tomada de decisões baseada em dados para mostrar os possíveis resultados do que pode acontecer com nossas decisões. Isso é incrível e pode ser crucial. Pense nisso. Se estivermos propondo soluções, não seria bom ver quais são os possíveis resultados? Além disso, a análise preditiva pode nos levar a compreender a análise diagnóstica, que nos ajuda a entender o que está acontecendo.

Primeiro, vamos analisar os possíveis resultados. Se estivermos tomando decisões com dados, podemos procurar criar algumas análises preditivas em torno dos diferentes cenários para que possamos entender a probabilidade de as coisas acontecerem. Isso é poder. Se chegamos a quatro análises diagnósticas possíveis, podemos usá-las para tomar decisões e utilizar o poder da análise preditiva para entender o que pode acontecer. Essa oportunidade de ver o que pode acontecer é algo poderoso. E se você achar que encontrou o pote de ouro no fim do arco-íris? Se você achar que chegou a esse grande diagnóstico analítico e, em seguida, criar previsões sobre o que acontecerá com os resultados dessas decisões, o que acontecerá se elas azedarem e as coisas não parecerem ótimas? Que ferramenta excelente!

Uma coisa que adoro nos dados e na análise é observar as consequências não intencionais. Use isso com as previsões: Que coisas poderíamos não estar observando? Existe alguma coisa? O que poderia acontecer que levasse a resultados ruins? Use as previsões de forma inteligente e sábia em suas decisões.

Em segundo lugar, a análise preditiva pode ser uma ferramenta para nos ajudar a entender a análise diagnóstica correta. Podemos criar análises descritivas e utilizar análises preditivas que mostrem quais seriam as possíveis análises diagnósticas existentes. É nesse ponto que a análise não está funcionando de forma linear nos quatro níveis de análise. Temos a análise descritiva e podemos usar a análise preditiva para ajudar a prever a análise diagnóstica. Em seguida, podemos usar a análise preditiva para mostrar os possíveis resultados da análise diagnóstica recém-descoberta, encontrada por meio da análise preditiva. Já ficou confuso? Espero que não. Espero que isso ilustre o poder da análise para fazer coisas e tomar decisões.

ANÁLISE PREDITIVA E A EXECUÇÃO BASEADA EM DADOS

Isso se torna mais simples: você criou ou mandou criar para você a análise preditiva, agora quero que seja um líder e ajude a executar a decisão. Seja expressivo, comunicativo e ajude a conduzir a execução das decisões. Não será bom para você ou para a organização criar análises descritivas, diagnósticas e preditivas incríveis para depois as coisas não darem certo.

Lidere os grupos, lidere as decisões, trabalhe com as equipes, garanta a execução e ajude onde puder. Em seguida, monitore as soluções adequadamente. Se você estiver criando a análise preditiva, use suas habilidades e capacidades para ajudar a criar a análise descritiva à medida que avança. Ajude a impulsionar a análise diagnóstica, seja por meio de ideação ou do uso de modelagem preditiva para ajudar a criar essa análise preditiva. Não é preciso apenas sentar e esperar para conduzir a iteração e utilizar a sequência repetidamente. Você pode iterar à medida que avança. Use-a e continue com ela! Gosto muito dessa parte. Gosto da iteração. Gosto do poder por trás de tudo o que estamos falando. Vamos fazer isso de forma adequada, sem ficar sentados e esperando, mas trabalhando sempre. Isso é poder e isso é o que podemos fazer.

RESUMO DO CAPÍTULO

A análise preditiva é poderosa e divertida. Discutimos o tridata e como a análise preditiva se encaixa nele. Talvez eu já tenha dito isso no livro, mas o segredo é saber onde você se encaixa. Encontre seu lugar com a análise preditiva, seja em sua vida pessoal, como as habilidades se traduzem nela, ou em sua organização. Espero que você esteja vendo como se encaixa e que tem um lugar à mesa. Espero que uma rápida história pessoal possa lhe mostrar como isso pode funcionar. Espero que isso possa despertar uma ideia sobre como usar a análise preditiva em sua vida pessoal ou profissional.

Lembra-se de minha corrida Speedgoat? Posso usar a análise descritiva e a análise diagnóstica para entender minha corrida Speedgoat 50k, mas depois preciso fazer algumas previsões. Como devo me alimentar? Como devo me hidratar? O que posso fazer? Posso criar algumas previsões para essa corrida ou qualquer outra que eu venha a fazer. Isso pode me ajudar a me preparar bem e ser inteligente, mas não vamos iterar apenas uma vez ou no final. Ao treinar para uma corrida, eu poderia, em teoria, fazer previsões todos os dias sobre o que fazer e sobre os resultados. Depois, posso aprender com elas, tomar decisões, aprender com elas e tomar decisões. Isso é iteração. Essa é a mentalidade que preciso ter, contínua e funcionando bem. Está na hora de todos nós adotarmos os quatro níveis de análise.

Agora que terminamos os três primeiros níveis, vamos pular para o nível 4.

DEFINIÇÕES E CONCLUSÕES DO CAPÍTULO

- **Análise preditiva e mentalidade:** provavelmente já falamos sobre isso com relação à mentalidade, mas voltaremos a falar sobre como podemos ter a mentalidade correta com relação às previsões. Será que achamos que toda previsão se concretizará? Espero que não! As previsões são apenas isso, previsões. Não são profecias ou revelações que estão fadadas a acontecer, portanto, quando não acontecem, não devemos nos assustar. Em vez disso, devemos entender que podemos aprender com a previsão e seguir em frente.

- **Análise preditiva e o tridata:** cada nível do tridata é poderoso, mas, aqui, as previsões realmente lidam com a tomada de decisão e a execução. Precisamos utilizar a análise preditiva para ajudar a determinar qual será a nossa decisão e, em seguida, precisamos executar essa decisão. Não basta criar previsões poderosas e depois seguir seu caminho, fazendo as coisas como sempre fez. Utilize a análise preditiva combinada com seu elemento humano — ou seja, suas ideias, seus pensamentos, sua intuição e sua experiência —, tome decisões e, em seguida, execute essas decisões.

13

Análise prescritiva

O QUE É A ANÁLISE PRESCRITIVA?

Você está ouvindo esse barulho? Ouça com atenção. Você está ouvindo o robô voltando do futuro para impedir que as coisas aconteçam? Você está ouvindo o som de robôs marchando do lado de fora, impedindo que você saia de casa para que eles possam assumir todos os empregos? Vamos começar a conversar sobre a análise prescritiva. E, não, não é assim que as coisas acontecerão.

Fazendo referência ao nosso diagrama dos quatro níveis de análise, Figura 4.1, estamos no estágio final. Aqui, temos a tecnologia potencialmente mais útil para nós, seres humanos, dentro dos dados e da análise, se ela for desenvolvida e executada corretamente. E também temos o que pode ser o nível que exige mais habilidades técnicas para desenvolver a análise prescritiva — que ocorre quando algo externo, nesse caso, a máquina, nos diz o que devemos fazer.

Algumas definições podem ajudar aqui. Uma definição da Talend nos diz que a análise prescritiva ocorre quando a tecnologia é usada nos dados para nos ajudar a perceber as tendências existentes e, em seguida, fazer recomendações instantâneas sobre os resultados previstos.[1] Bastante simples. As máquinas vasculharão nossos dados, usando tecnologia como o aprendizado de máquina para vasculhar esses dados, encontrar tendências e padrões e, em seguida, fazer recomendações. Isso ajuda a explicar como as pessoas estão usando a análise prescritiva, sobre a qual falaremos no próximo capítulo.

> **DICA:** Precisamos de uma sólida alfabetização de dados para saber como interagir com a máquina que nos fornece a análise prescritiva.

Outra definição de análise prescritiva vem do site techtarget.com e afirma que ela é o tipo de análise que nos diz o que deve acontecer em seguida.[2] Veja: a tecnologia, utilizando os dados, nos indica o que deve acontecer em seguida. Pense nisso como uma bola de cristal. Isso significa que ela será perfeita e que automaticamente devemos utilizar o que essa "bola de cristal" da análise nos diz? NÃO! Primeiro, a tecnologia não será perfeita. Em segundo lugar, precisamos aplicar o elemento humano. Talvez não tenhamos o poder de computação da tecnologia, mas a tecnologia não tem o elemento humano incorporado. Queremos ter uma combinação dos dois: os dados e o ser humano. Para nos ajudar a entender melhor a análise prescritiva, vamos voltar a dois exemplos: a consulta médica (você não voltará a médicos que querem lhe dar apenas uma análise descritiva e ir embora, certo?) e o exemplo de minha corrida com a Speedgoat 50k.

O exemplo do médico é muito fácil de utilizar aqui porque às vezes recebemos prescrições médicas. O que exatamente é uma prescrição? Vamos dar uma olhada na forma como eu a explico para relacioná-la à análise prescritiva. Uma prescrição é uma coisa externa que tomamos para melhorar. Portanto, tomamos um comprimido ou medicamento que existe para nos ajudar a melhorar, uma coisa externa para ajudar a melhorar nossa situação. Pense nisso como uma ligação com os dados e a análise. Uma coisa externa, como o aprendizado de máquina ou um algoritmo, como a Talend menciona, está lá, utilizando os dados da organização para nos dizer o que devemos fazer. Isso é incrível! Então, uma coisa externa, como um médico nos dando um medicamento, está lá para nos ajudar a melhorar. Isso não significa que seja tudo o que precisa ser feito. Quando estamos doentes, talvez tenhamos esse medicamento, mas talvez precisemos de outras coisas para nos ajudar a melhorar. Talvez a medicação esteja lá para nos ajudar com a dor após uma cirurgia, mas, dependendo da cirurgia, pode ser necessário fazer fisioterapia. Além disso, quando se trata desse tipo de cirurgia, talvez não possamos simplesmente voltar a fazer as coisas como fazíamos antes. Adoro fazer exercícios físicos e já fiz cirurgias nas costas, no cotovelo e de hérnia. Não podia simplesmente voltar a fazer o que estava fazendo já no dia seguinte; tive de voltar gradualmente. A mesma coisa pode ser dita sobre o aprendizado de máquina, na medida em que não podemos simplesmente pular para a recomendação e a função do aprendizado de máquina. Pode haver etapas posteriores para que tomemos a decisão mais inteligente.

Com a corrida Speedgoat 50k, vimos a análise descritiva me mostrando a quantidade de suor que eu havia perdido (mais de 10 litros, e ainda é uma loucura pensar nisso). Com essa análise descritiva, como a análise prescritiva poderia me ajudar em minha preparação para outra corrida? Eu gostaria de ter essa preparação, talvez seja algo que eu precise fazer. Mas imagine que eu alimentasse todos os meus dados de treino em um programa que me mostrasse exatamente o que eu precisaria fazer: a quantidade de alimentos que eu precisaria comer, a quantidade de água a consumir, e não apenas no dia da corrida, mas diariamente. Imagine se ele me dissesse que eu preciso treinar tanto e dormir tanto. Isso seria uma ciência legal, mas, adivinhe só, eu não necessariamente quero isso. Por que, você pode perguntar? Porque gosto de ter a liberdade de me exercitar como quero, de fazer as coisas de que gosto. Dito isso, se eu quiser correr outra ultra (e, no momento em que escrevo este livro, estou ficando com mais vontade de correr outra), precisarei me comprometer e me esforçar. Mas gosto da flexibilidade de me exercitar como eu quiser. Aqui temos a combinação entre os dados e o elemento humano. Se um dia me recomendarem correr XX milhas e eu estiver com mais vontade de andar de bicicleta ergométrica, bem, subirei em minha bicicleta ergométrica e pedalarei. Depois, posso inserir os dados no programa, e ele recalculará e seguirá em frente. A análise prescritiva que eu gostaria de ter é uma que me apresentasse uma variedade de programas e ideias e, em seguida, eu tomasse o tempo necessário para avaliar, ver como estou me sentindo e começar a fazer.

Mas não se trata apenas de exercícios físicos. E se ele estivesse me dizendo para me alongar por um período de tempo XX, meditar, o que devo comer etc.? Do mesmo modo que, se eu não estivesse me sentindo bem em determinado dia, poderia modificar e selecionar o que quero, colocar as novas informações no programa (aprendizado de máquina), e ele aprende, progride. Este é um elemento do aprendizado de máquina: quanto mais dados ele obtém, quanto mais informações, mais ele pode aprender e melhorar (obrigado a uma pessoa que conheci na Seek.AI que compartilhou como o aprendizado de máquina ou a IA deles pode funcionar, o que estou extrapolando aqui). Em essência, se eu inserir cada vez mais informações em meu algoritmo de aprendizado de máquina, minha esperança será que ele aprenda, aprimore e se torne melhor em emitir essas recomendações do tipo "o que devemos fazer".

Não quero perder de vista essa combinação de dados e elemento humano trabalhando juntos. Nunca devemos perder isso de vista. E se você não estiver com vontade de se exercitar de determinada maneira, mas os dados lhe disserem para fazê-lo? Bem, talvez você não deva fazer isso naquele dia. A realidade é que temos informações que a máquina pode não ter; talvez no futuro ela possa ajudar, mas e se ela estiver recomendando um treino pesado, mas seu trabalho o estiver sobrecarregando e você se sentir exausto? Se a máquina não levar isso em consideração, você pode se castigar demais e prejudicar sua saúde. Portanto, certifique-se de que está reunindo o elemento humano e o elemento de dados para tomar decisões inteligentes.

Vamos voltar aos exemplos que utilizamos na análise descritiva para mostrar o que é a análise prescritiva. Para começar, vamos voltar às taxas de amortização e de inadimplência.

TAXAS DE AMORTIZAÇÃO E DE INADIMPLÊNCIA

Em minha função na American Express, eu era responsável por desenvolver as análises descritiva e preditiva das taxas de amortização e de inadimplência das carteiras pelas quais eu era responsável. Esse é o elemento humano que cria as taxas de amortização e de inadimplência. Talvez alguém goste de se achar perfeito ou de pensar que sua maneira de fazer as coisas é a maneira perfeita de fazê-las, mas esse não sou eu. Claro, todos nós temos partes de nós que gostam de pensar que nossa maneira é a certa, e, sim, podemos nos tornar resistentes às pessoas que nos desafiam (devemos nos envergonhar se elas nos desafiarem de maneira apropriada — é assim que podemos crescer e melhorar). Mas a realidade é que somos humanos. Agora, imagine se uma máquina ou um algoritmo estivesse criando as taxas de amortização e de inadimplência para nós, e não apenas fazendo isso, mas também nos dizendo qual seria nosso próximo passo com essas taxas. Não se engane: as máquinas não são perfeitas! Lembre-se também de que, às vezes, os dados que fornecemos à máquina são preparados por um ser humano, o que dá outra oportunidade para que o erro humano entre em cena. Mas a máquina pode levar algum tempo para aprender e melhorar as informações que são apresentadas a ela.

Sejamos realistas, os computadores têm uma capacidade muito maior do que a nossa para calcular e processar coisas. Eles podem fazer muitas coisas enquanto nós ainda podemos estar processando algo. Isso é fato. Novamente, isso não significa que o computador seja perfeito. Não, de forma alguma. Ferramentas e tecnologias têm problemas, mas podemos aproveitar seu poder de processar e de calcular coisas para nós. Depois, podemos utilizar esses dados e tomar decisões. Lembre-se, o aprendizado de máquina ou o algoritmo nos dirá o que fazer, mas cabe a nós aproveitar os dados e o elemento tecnológico e combiná-los com o elemento humano.

Com as taxas de amortização e de inadimplência, posso imaginar o poder do aprendizado de máquina para executar cenários hipotéticos, para calcular os dados de que eu precisasse rapidamente, devolvendo-me meu tempo. Além disso, posso imaginar que, se eu tivesse usado o aprendizado de máquina, diferentes cenários ou opções poderiam ter sido preenchidos para nós. Não teríamos apenas as análises descritiva e preditiva na ponta dos dedos; imagine se a análise prescritiva nos desse cinco cenários possíveis diferentes e depois nos dissesse o que fazer para obter resultados. Em uma época caótica como a que se seguiu à quebra do mercado imobiliário, ter opções, utilizando o poder de computação da tecnologia, poderia ter nos capacitado muito mais do que se utilizássemos apenas o meu velho eu para criar a análise. Ter aprendizado de máquina ou algoritmos criando coisas para mim e depois oferecendo sugestões sobre o que fazer? Sim, isso teria sido incrível e divertido. No entanto, eu precisaria ter as habilidades necessárias para interagir e utilizar as coisas que a análise prescritiva enviava, porém falarei mais sobre isso na seção de funções.

MÉDIA MENSAL DE USUÁRIOS

Em minha função atual, à medida que desenvolvo a arquitetura de dados de back-end que nos capacitará a fazer a análise de front-end, eu adoraria ter uma análise prescritiva fluindo pelo trabalho e oferecendo sugestões do que fazer.

As empresas de tecnologia querem que seu software seja adotado. Imagine se eu tivesse o aprendizado de máquina incorporado ao meu trabalho, em que o algoritmo ou a tecnologia estudasse não apenas os dados e a média de usuários, mas também a média de usuários na máquina e ajudasse a desenvolver o que eles fazem com nossa tecnologia ou com a tecnologia das organizações com as quais fizemos parceria. Isso não seria incrível? Sim, seria! Esse é o avanço que quero ver as empresas fazerem. Há um poder absoluto nas análises descritiva e diagnóstica que as pessoas nas organizações criam. De fato, com a democratização adequada dos dados em uma organização, ter vários olhos e mãos trazendo seu elemento humano para a mesa de dados e análise é um poder. Mas o que também quero ver é a combinação desse poder com o poder da tecnologia e da análise prescritiva. No meu caso, eu adoraria direcionar algum aprendizado de máquina para os usuários de nosso software e do software de nossos parceiros. Ele pode trabalhar para entender cada vez mais a base de usuários. Podemos investigar o comportamento dos usuários e usá-lo para fazer atribuições mais direcionadas ou coisas que os usuários possam fazer. Em vez de erguer o dedo no ar e fazer suposições, agora estamos trabalhando para obter acionadores direcionados.

Esses acionadores podem, então, ser utilizados para permitir uma melhor adoção do software e uma mudança de comportamento.

Não só podemos enviar gatilhos mais direcionados para os próprios usuários, como também podemos usar o aprendizado de máquina para nos ajudar a entender que tipo de ativos criar para os usuários finais. Portanto, não estamos apenas enviando coisas direcionadas a eles, mas também podemos usar a análise prescritiva para nos dizer o que criar.

Observe, e esta é uma observação importante: nem sempre precisamos fazer o que a máquina nos diz. Lembre-se de que não queremos eliminar o elemento humano. Portanto, combine suas habilidades e seus conhecimentos com a tecnologia e, depois, tome decisões.

TOMADA DE DECISÃO

Manterei essa categoria como geral. Você já se viu preso em uma decisão e sem saber o que fazer? Minha esposa e eu podemos ficar presos na decisão sobre onde jantar, o que parece ser uma decisão simples. Agora amplie isso para decisões nos negócios que podem ser difíceis:

- Precisamos reduzir o tamanho da empresa?
- Devemos fazer uma onda de contratações?
- Devemos lançar um novo produto ou aprimorar os produtos existentes?
- Nossos clientes estão felizes e satisfeitos com nossas ofertas atuais, ou devemos fazer algo que possa ajudá-los a sorrir mais?

Essas decisões podem ser difíceis, especialmente aquelas que lidam com pessoas. Pode ser difícil, mas as máquinas podem ajudar. Dito isso, de forma alguma estou defendendo que eliminemos o elemento humano e deixemos que uma "caixa fria" nos diga o que fazer. Sugiro que, no processo de tomada de decisão, possamos utilizar o poder computacional da tecnologia para criar algumas análises prescritivas para nós. Com essa análise prescritiva, podemos nos munir de mais informações para tomar uma decisão melhor e orientada por dados. Na tomada de decisões, o poder da tecnologia pode ser fundamental. Talvez em alguns casos estejamos tão presos que, sim, usamos apenas a máquina para conduzir a decisão, mas, de alguma forma, utilize o elemento humano nisso. Além disso, lembre-se de que a máquina ou o algoritmo pode ter sido criado por humanos, que não são perfeitos (desculpe dizer isso, mas somos inerentemente falhos). Podemos não ser perfeitos, mas somos poderosos! Utilize esse poder, o SEU poder, com a análise prescritiva.

FUNÇÕES

As funções da análise prescritiva são únicas e incríveis. O desenvolvimento real das tecnologias ou seu uso para aquelas coisas fora das prescrições em si será de propriedade de um número de pessoas consideravelmente pequeno. Quantas pessoas você conhece que poderiam escrever e codificar um algoritmo? Quantas pessoas você conhece que poderiam ajudar a desenvolver o aprendizado de máquina em sua organização? Quem teria o conhecimento e a habilidade para fazer isso? Se você não conhece ninguém que possa fazê-lo, adivinhe só, essas funções pagam bem, então talvez você possa entrar e começar a se tornar uma delas. Estou apenas dizendo.

A realidade é que as habilidades técnicas reais para essas funções serão de propriedade de poucos. Se você está procurando um nicho e não sabe para onde ir em sua jornada dentro dos dados e da análise, e essa área o entusiasma, então talvez você possa examinar as habilidades necessárias para a análise prescritiva. Eu adoraria contratar um engenheiro de aprendizado de máquina ou alguém que possa criar algoritmos avançados. Se encontrar um bom engenheiro, talvez eu tenha uma mina de ouro na minha equipe para desenvolver dados e análise para minha empresa. E, se poucos têm essas habilidades, quais são as funções em que eles lidam com elas?

A realidade é que a habilidade de que precisamos para a análise prescritiva, se não a estivermos desenvolvendo, é ter a capacidade de lidar com os resultados que as ferramentas e as tecnologias de análise prescritiva nos proporcionam. Você tem essa habilidade? Você tem a capacidade de pegar o que a tecnologia está lhe enviando e tomar decisões combinadas baseadas em dados e em humanos? Eis o poderoso e maravilhoso mundo da alfabetização de dados.

Lembre-se de que não precisamos nos transformar em engenheiros de aprendizado de máquina, cientistas que criam IA ou programadores que criam algoritmos poderosos. O número real de pessoas em uma organização que farão essas coisas é pequeno. O que não deve ser pequena é nossa capacidade de interagir com a tecnologia e com o que ela nos diz.

Em uma organização, essa pode ser uma função qualquer. Se você é um executivo ou está na diretoria, sua função pode ser usar a análise prescritiva e tomar uma decisão com ela, combinando-a com suas habilidades. Se você é um analista de dados, sua função pode ser combinar a análise prescritiva com a descritiva, a diagnóstica e a preditiva, para criar uma história de dados poderosa e apresentá-la ao público. Se você for um cientista ou engenheiro de dados, poderá ajustar os códigos e os algoritmos ou monitorar o aprendizado de máquina e fazer os ajustes necessários. Como empresa ou usuário final, poderá pegar os resultados e combiná-los com seu processo de tomada de decisão. Todos podem ter uma função na análise prescritiva, mesmo que esse seja um campo avançado e técnico dentro dos dados e da análise. Não é algo poderoso saber que você tem um lugar nessa mesa? Espero que você perceba que sim!

FERRAMENTAS E TECNOLOGIAS

Como a análise prescritiva é impulsionada principalmente pela tecnologia, deixarei a discussão sobre ferramentas e tecnologias para o próximo capítulo, sobre como a análise prescritiva está sendo usada no mundo atual.

RESUMO DO CAPÍTULO

A análise prescritiva é como a prescrição de um medicamento que você recebe para ajudá-lo a melhorar. É uma coisa externa que lhe diz o que precisa fazer. Assim como uma prescrição ajuda a curá-lo quando está doente, uma análise prescritiva lhe dirá o que fazer para obter o melhor resultado. Dito isso, não significa que estamos nos esquecendo de nós, o elemento humano. Da mesma forma que não podemos pegar uma prescrição e simplesmente achar que as coisas vão melhorar, também não podemos simplesmente pegar a análise prescritiva e sair correndo com ela. Precisamos que o elemento humano desempenhe um papel crucial. Isso significa que você e todas as pessoas que conhece têm lugar nessa mesa.

DEFINIÇÕES E CONCLUSÕES DO CAPÍTULO

- **Análise prescritiva:** pense nela como o nível técnico, com os robôs assumindo o controle. Não, não acho que teremos um levante de robôs em nossas mãos, de jeito nenhum. Mas aqui temos um nível analítico que existe para nos complementar. Utilize o aprendizado de máquina e as tecnologias para ajudar na tomada de decisão. Esse é um nível poderoso de análise porque pode simplificar nossa vida, especialmente em tarefas rotineiras.
- **Aprendizado de máquina e inteligência artificial:** essas são tecnologias avançadas e que estão à nossa disposição. Pense no aprendizado de máquina como máquinas que aprendem, utilizam os dados e, em seguida, fazem recomendações para nós. Agora, queremos combinar essas recomendações com nosso elemento humano para ajudar a tomar decisões.
- **Funções:** não estamos vendo muitas pessoas *criando* análises prescritivas, pois esses serão os profissionais de dados e análise avançados. Em vez disso, teremos um grupo maior que usará essas análises.

NOTAS

[1] Talend (nd) What is prescriptive analytics? https://www.talend.com/resources/what-is-prescriptive-analytics/ (arquivado em https://perma.cc/9T3W-T7U2).

[2] Lawton, G (nd) Prescriptive analytics, *TechTarget*, https://www.techtarget.com/searchcio/definition/Prescriptive-analytics (arquivado em https://perma.cc/9JEH-VEHP).

14

Como a análise prescritiva é usada hoje?

Espero que agora você tenha entendido o que é análise prescritiva. Espero também que não esteja correndo para as colinas pensando que os robôs estão assumindo o controle, nem quero que pense que precisa desenvolver todas as habilidades técnicas possíveis que lhe permitirão criar ou programar dentro da análise prescritiva. Não, quero que você descubra que se encaixa na análise prescritiva e que talvez precise de mais algumas habilidades, mas não precisa ser um profissional avançado de dados e análise.

Neste capítulo, nos aprofundaremos em como a análise prescritiva é ou pode ser usada no mundo atual. Começaremos explicando como a análise preditiva é usada atualmente e sua democratização.

DEMOCRATIZAÇÃO DE DADOS — ANÁLISE PRESCRITIVA

Para ser sincero, não tenho certeza sobre quantas empresas estão democratizando a análise prescritiva ou talvez estejam e não percebam isso. A realidade é que, assim como em todos os níveis de análise, há um lugar para a democratização da análise prescritiva em toda organização, mas talvez ela precise ser vista de forma diferente de como pensamos na democratização de dados em outros níveis de análise. Aqui está a necessidade de democratizar os resultados ou a produção da análise prescritiva.

Primeiro, pode ser confuso pensar em democratizar a análise prescritiva pela primeira vez. Você pode dizer a si mesmo: "Mas, Jordan, vamos lá, as máquinas e a tecnologia estão construindo o resultado, como democratizar isso?" Na realidade, não estamos democratizando as ferramentas e a tecnologia, nem democratizando as habilidades necessárias para trabalhar no lado técnico da análise prescritiva (mas, se você quiser chegar a esse nível de talento técnico, não hesite!). Não, estamos democratizando o resultado da análise prescritiva. Isso requer um certo grau de habilidade.

Agora vem o mundo sobre o qual meu primeiro livro trata: alfabetização de dados. Por favor, lembrem-se todos de que vocês já são alfabetizados em dados. Acho que prestamos um desserviço se saímos por aí dizendo às pessoas que elas não são. No entanto, o fato de termos algum nível de alfabetização em dados não significa que temos o suficiente. Precisamos estar confiantes e à vontade para usar dados e análises em nossas carreiras, e não apenas ter a capacidade de usar nossos aplicativos de previsão do tempo. Você tem habilidades de alfabetização em dados, mas todos nós temos áreas em que podemos evoluir e melhorar.

A alfabetização de dados é uma habilidade necessária em uma organização para que ela possa democratizar a análise prescritiva. Precisamos ter pessoas com a capacidade de pegar as análises prescritivas que são geradas pelas máquinas e, em seguida, entendê-las e aplicá-las às metas e aos objetivos comerciais que você, a equipe ou a organização estão tentando alcançar. Precisamos que todos sejam capazes de pegar a análise prescritiva e aplicar o elemento humano a ela. Lembre-se de que as máquinas têm poder, mas nós também temos. Nós temos o elemento humano, a capacidade de trazer nossa experiência, nossos pensamentos e nossas habilidades para os dados de forma bem-sucedida e inteligente. Precisamos fazer isso.

Outro elemento da democratização da análise prescritiva é envolver outras pessoas no processo. Se está recebendo os resultados da análise prescritiva, você é apenas uma pessoa. Atualmente, as pessoas têm trabalhos muito corridos, mas é preciso reservar um tempo para reunir outros pensamentos e outras opiniões sobre a análise prescritiva. Assim não estaremos sentados em nosso próprio túnel de conhecimento e pensamento e poderemos reunir diferentes vozes à mesa.

Por fim, outra maneira de democratizar a análise prescritiva, que faz parte tanto da alfabetização de dados quanto dos dados e da análise em geral (e, a propósito, já falei sobre isso): a mentalidade. Precisamos democratizar a mentalidade correta em toda a organização quando se trata de análise prescritiva. As pessoas temem o que não sabem. Elas podem se sentir intimidadas e inseguras com a análise prescritiva. Se uma máquina estiver apenas produzindo resultados e nos dizendo o que fazer, mas uma pessoa não entender o que está acontecendo ali ou como a máquina chegou a tal solução, ela confiará na máquina? Será que ela quer usá-la? Não tenho certeza. Portanto, democratizar a mentalidade correta é fundamental para isso. Falaremos mais sobre a democratização da mentalidade no próximo capítulo.

DEMOCRATIZAÇÃO DA ANÁLISE PRESCRITIVA — FERRAMENTAS E TECNOLOGIA

As ferramentas e a tecnologia são muito importantes no mundo da análise prescritiva. Esse é um tópico interessante porque aqueles que usam as ferramentas para realmente criar análises prescritivas são os profissionais de dados e análise mais técnicos e avançados. Espero que isso já esteja claro. Veremos as ferramentas e tecnologias que os usuários finais da análise prescritiva podem usar, mas por enquanto examinaremos as ferramentas usadas pelos criadores da análise prescritiva.

Em improvado.com, ficamos sabendo que Alteryx, RapidMiner, Birst e KNIME estão entre algumas das ferramentas para análise prescritiva.[1] Talvez você as reconheça ou não. Se não, tudo bem, você sempre pode pesquisá-las. Em resumo, as ferramentas devem capacitar as pessoas que estão criando análises prescritivas a fazê-lo de uma maneira que lhes permita criar análises eficientes que possam ser compartilhadas por toda a organização. Quando compartilhados por toda a organização, os resultados e a produção, a análise prescritiva é democratizada para o usuário final.

Outra área da análise prescritiva da qual devemos estar cientes, mas que não está democratizada da mesma forma que as ferramentas de business intelligence, é o mundo da programação. Quantos de vocês não sabem programar, mas querem aprender a se tornar a máquina de programação mais sofisticada que já conheceram? Será que ouvi grilos? Talvez. Na verdade, você pode ser alguém que quer aprender a programar, mergulhar de cabeça, tornar-se avançado e, depois, conduzir análises prescritivas. Isso é fantástico, eu adoro isso. Alguns talvez não queiram fazer nada disso! Isso também é ótimo. Depois, há aqueles que ficarão no meio do caminho. Cada um de vocês, independentemente de sua posição no espectro que acabei de listar, é fantástico e ótimo. Lembre-se de que a programação não será necessariamente repassada e democratizada da mesma forma que as ferramentas. Na verdade, estão surgindo ferramentas que podem fazer isso por você, como a Seek AI. Ela é uma ferramenta que permite que se questione os dados, e ela criará o código para você. Você pode pesquisar no Google como aprender linguagens de programação. Com isso, linguagens de programação como SQL, Python e R são ótimos lugares para começar.

Agora, e quanto aos usuários finais, como as ferramentas e tecnologias são democratizadas por meio da análise prescritiva? A resposta curta é: não são. O que é democratizado, ou deveria ser, são os resultados e as respostas que passam pelas ferramentas e tecnologias. Em seguida, o usuário final pode tomar decisões com base neles. Isso significa que todos na empresa precisam conhecer toda e qualquer análise prescritiva produzida? É claro que não! Pelo contrário, devem ser aqueles que precisam utilizar a análise prescritiva. Sim, você pode compartilhá-la com todos, e isso é o mais importante. Precisamos dar a todos a possibilidade de ouvir. Precisamos de uma cultura que diga que, sim, podemos compartilhar esses resultados. Precisamos de pessoas que se sintam à vontade para questionar os resultados e combinar o elemento humano com eles. Assim você poderá tomar decisões mais inteligentes baseadas em dados.

ESTRATÉGIA DE DADOS

A análise prescritiva é um acréscimo interessante em uma estratégia de dados. Quando ela entra em vigor? No modelo de maturidade analítica do Gartner, ela é a última.[2] Esse modelo define a maturidade da análise em uma organização, com a descritiva em primeiro lugar e a prescritiva no final. Bem, deveria ser assim. Se você não está fazendo uma análise descritiva bem-feita, por que iria progredir? Isso é algo sobre o qual já falei. Muitas empresas estão presas à análise descritiva. Adivinhe onde elas investem grande parte de seu dinheiro: nas análises preditiva e prescritiva. O que é esquecido é a análise diagnóstica (a mais importante, na minha opinião). Não é assim que deve ser feito. Sim, queremos ser capazes de utilizar as análises preditiva e prescritiva, com certeza, mas precisamos de que todos os quatro níveis sejam feitos de forma holística, isso é uma estratégia de dados adequada.

O que quero de cada organização é o investimento adequado em dados e análise. Isso inclui a estratégia de dados. Dentro da estratégia de dados, precisamos garantir que todos os quatro níveis sejam levados em conta CORRETAMENTE! Precisamos investir em todos os quatro níveis, incluindo o prescritivo, mas este deve vir mais tarde na maturidade de sua organização, dando crédito ao Gartner. A análise prescritiva deve ser utilizada e deve fazer parte da estratégia, mas não pule etapas para correr até o objeto brilhante. Faça as coisas direito!

STORYTELLING COM DADOS

Agora temos aqui uma grande democratização de dados em toda a organização por meio da comunicação adequada da análise prescritiva e, possivelmente, combinada com a descritiva, a diagnóstica e a preditiva. O storytelling com dados é muito poderoso. A análise prescritiva é poderosa, especialmente quando combinada com o elemento humano. Com essa combinação, temos o poder de compartilhá-la em toda a organização. O storytelling com dados deve ser utilizado hoje em todos os setores, de forma poderosa e inteligente. Quando se tem uma análise mais técnica, os usuários finais não precisam conhecer a parte técnica. Eles precisam conhecer a análise e o contexto. No mundo dos dados e da análise, ele deve ser utilizado para aproveitar o poder da análise prescritiva.

EXEMPLOS DE MERCADO

Esta é uma parte divertida de como a análise prescritiva pode ser utilizada em todo o mundo. Quando olhamos para os exemplos que usamos, você pode ver como pode ser poderoso ter uma análise computacional forte e rápida por meio da análise prescritiva. Pense no poder desse recurso durante a pandemia da Covid-19, com máquinas desenvolvendo e conduzindo modelagem para o vírus. Pense no poder do aprendizado de máquina e da IA para ajudar a mapear e projetar vacinas. Uma coisa que ouvimos foi que não é possível projetar vacinas tão rapidamente e com a modelagem tradicional, claro. Mas, com o poder do aprendizado de máquina e da IA, é possível fazer as coisas mais rapidamente.

Vamos aos nossos exemplos de mercado.

SERVIÇOS DE SAÚDE

Nos serviços de saúde, o poder da análise prescritiva pode ser... bem... eficiente. Pense em ter uma doença e poder inserir seus sintomas no sistema. O aprendizado de máquina ou o algoritmo lê os dados, calcula tudo e, em seguida, informa ao médico o que você deve fazer. Isso é poder! Sim, algumas pessoas podem ter medo disso, mas é uma ferramenta para nós. Combine a análise prescritiva com o médico para chegar a uma boa solução.

Vamos dar uma olhada nos leitos hospitalares. Quando estivermos calculando a necessidade de leitos hospitalares e talvez analisando todos os dados referentes a determinada doença ou algo que esteja acontecendo, pense em como pode ser ótimo se a análise prescritiva nos falar sobre o que está acontecendo e o que devemos fazer como um hospital.

Por fim, pense na Covid-19 e na pandemia. Havia muitos dados circulando. Primeiro, pense na vacina e no poder que pode advir da utilização do aprendizado de máquina e da modelagem para chegar a intervenções médicas mais rapidamente. Pense no poder da análise prescritiva para acompanhar os dados e encontrar maneiras de combater ou interagir com a doença que causou devastação em todo o mundo. Pense na utilização da análise prescritiva não apenas para o tratamento de pacientes com o vírus em si, mas também para a tomada de decisões de fechamento de lojas, análise da cadeia de suprimentos e todos os impactos que o vírus causou em todo o mundo.

No campo da saúde, o poder da análise prescritiva pode ajudar a melhorar a vida. Ao inserir mais e mais dados, permitindo que o aprendizado de máquina aprenda, podemos utilizar a análise prescritiva para melhorar a saúde ao redor do mundo.

VAREJO

Gosto da ideia da análise prescritiva na área de varejo. Imagine que você seja uma empresa de vestuário, talvez como a Old Navy ou a H&M, e comece a receber dados e descubra que determinados itens estão sendo comprados e outros não. Você está coletando esses dados e combinando-os, talvez com dados externos que podem ajudar a moldar as tendências de vestuário que estão aparecendo, mas também as próprias tendências econômicas. Isso pode ajudar a loja de roupas não apenas a saber quais estilos vender e quais não vender, mas também a entender quais são as condições econômicas. Podemos, então, utilizar a análise prescritiva para nos ajudar a tomar essas decisões.

Agora, algumas pessoas diriam que estamos apenas retirando o elemento humano. Não, não, não. Espero que agora você entenda o quanto eu acho que o elemento humano precisa estar presente. Embora a análise prescritiva e os dados possam estar pintando um quadro, precisamos combinar esse quadro com o elemento humano para tomar decisões inteligentes para as próprias empresas. Ter apenas um ou outro, os dados ou o ser humano, não é a solução. Precisamos combiná-los!

Voltando aos nossos exemplos de estoque e de quantos funcionários a loja precisa, espero que você possa ver como a análise prescritiva pode ajudar. Como as organizações de varejo estão reunindo os dados, podemos utilizar a análise prescritiva para nos ajudar a saber quantos itens precisamos estocar. Não queremos ser pegos em uma situação de estoque ruim. Em segundo lugar, no caso dos funcionários, utilizando a análise prescritiva, podemos saber de quantos funcionários precisamos em determinados períodos. Isso pode ajudar o empregador a não ter excesso ou falta de pessoal e pode evitar que o funcionário fique entediado no trabalho.

MARKETING

Espero que não seja preciso dizer isso. No marketing, sinto que estamos jogando um jogo de adivinhação culto. Estamos lendo a sala, por assim dizer, e tomamos decisões sobre para quem comercializar e por quê. Bem, agora vamos trazer o poder da análise prescritiva para nos ajudar a entender o que fazer. Utilizando a análise de forma adequada e ética — sim, estou usando essa palavra —, podemos ver como devemos fazer marketing e publicidade para nossa base de clientes atual e para clientes em potencial. Nós, como seres humanos, temos uma capacidade e um poder de computação e de ação limitados. Vamos aproveitar o poder da análise prescritiva para nos ajudar a conduzir as soluções de que precisamos para sermos mais eficazes em termos de marketing.

FINANÇAS, SERVIÇOS FINANCEIROS E BANCOS

A análise prescritiva pode ser uma ferramenta poderosa para esses tipos de organizações, mas deve ser feita de forma ética (falarei sobre isso a seguir). Para elas, o fato de a análise prescritiva dizer o que oferecer, o que fazer com os empréstimos e que tipos de coisas fazer é algo poderoso. Imagine ter o poder computacional para tomar decisões à medida que os dados internos e externos são ingeridos por toda a organização. Com a ajuda da análise prescritiva para dizer a elas o que fazer, essas organizações podem tomar decisões mais inteligentes.

CADEIA DE SUPRIMENTOS E LOGÍSTICA

A análise prescritiva é uma ferramenta poderosa que esses tipos de organizações deveriam utilizar. O aprendizado de máquina, a IA e os algoritmos podem ser muito úteis para esses setores. Pense na pandemia da Covid-19, quando houve problemas na cadeia de suprimentos. Com a análise e a modelagem prescritivas, os insumos poderiam ter chegado aonde deveriam, e isso poderia ter ajudado. Hoje sei que foi em uma época diferente, a pandemia, e não necessariamente uma que já havia sido vista antes. Mas o aprendizado de máquina poderia ter, bem, aprendido com o decorrer da pandemia e, com sorte, ajudado as cadeias de suprimentos e a logística. Nesses campos, há a possibilidade de muitas partes móveis. Ter uma análise prescritiva para ajudar pode reforçar os processos de tomada de decisão e ajudar a superar qualquer obstáculo.

CONCLUSÃO

A análise prescritiva pode ser poderosa em setores de todo o mundo, mas encerrarei este capítulo com uma advertência ou uma breve discussão sobre o uso ético da análise prescritiva.

ÉTICA EM DADOS E ANÁLISE PRESCRITIVA

Você já ouviu o termo "caixa-preta" com relação a algoritmos ou dados e análise? Isso significa que um algoritmo ou algo está funcionando, mas não há transparência. Transparência, nesse caso, significa que conhecemos o algoritmo e como ele funciona; podemos ver dentro dele e entender como ele está operando. Algoritmo de caixa preta significa que não sabemos; é apenas isso: uma caixa preta. Não podemos simplesmente confiar no aprendizado de máquina, no algoritmo ou na IA. Não podemos dizer: "Muito bem, os dados disseram para fazer isto." Isso não vai funcionar. Esse é um dos motivos pelos quais precisamos da combinação inteligente do elemento humano com os dados e a tecnologia. Você pode pesquisar no Google sobre o uso antiético de algoritmos de caixa preta e outras coisas. Há um livro que eu recomendaria, escrito por Cathy O'Neil, chamado *Algoritmos de Destruição em Massa,* se você estiver procurando entender os possíveis resultados destrutivos da análise prescritiva.[3]

No geral, garanta a alfabetização de dados em sua organização e tenha um plano para o uso ético da análise prescritiva.

RESUMO DO CAPÍTULO

A análise prescritiva é uma ferramenta poderosa. Como mencionado anteriormente, essa parte dos dados e da análise vem mais tarde na jornada de dados e análise de sua organização. Não comece a investir nisso logo no início. Fortaleça seus recursos de análise descritiva, diagnóstica e preditiva. Posteriormente, você poderá chegar a essa parte de sua jornada. Mas lembre-se sempre da abordagem holística dos dados e da análise. Queremos que todos os quatro níveis de análise trabalhem em benefício de uma organização e a ajudem a atingir seus objetivos.

DEFINIÇÕES E CONCLUSÕES DO CAPÍTULO

- **Democratização da análise prescritiva:** assim como a análise preditiva, a análise prescritiva não é democratizada como a análise descritiva ou a diagnóstica. Em vez disso, a democratização vem no compartilhamento das recomendações que as máquinas têm para nós. Os usuários podem, então, combinar seu elemento humano para tomar decisões mais inteligentes. Precisamos utilizar essas ferramentas adequadamente em toda a organização.
- **Ética em dados e análise prescritiva:** a ética em dados desempenha um papel importante na análise prescritiva; ela deve fazer parte de todos os quatro níveis, mas principalmente da análise prescritiva. Não queremos ser apanhados em um mundo no qual apenas dizemos que a máquina nos disse algo e assim o fizemos. Não, precisamos usar nosso poderoso elemento humano para combinar com a ética em dados para que possamos usar essas ferramentas e tecnologias de forma mais inteligente.

NOTAS

[1] Friedman, H (2019) Top 10 prescriptive analytics tools, *Improvado*, https://improvado.io/blog/best-prescriptive-analytics-tools (arquivado em https://perma. cc/XKL3-JSZZ).

[2] K, Taras (2016) 4 stages of data analytics maturity: challenging Gartner's model, LinkedIn, https://www.linkedin.com/pulse/4-stages-data-analytics-maturitychallenging-gartners-taras-kaduk/ (arquivado em https://perma.cc/6G3J-U6HF).

[3] O'Neil, C (2017) *Weapons of Math Destruction: How big data increases inequality and threatens democracy*, Crown.

15

Como pessoas e organizações podem se aperfeiçoar na análise prescritiva

Voltemos à minha analogia sobre médicos e doenças. Quando estamos doentes, o que às vezes recebemos para nos ajudar? Uma prescrição médica. Vamos pensar nessa prescrição como uma coisa externa que nos ajuda a melhorar. É assim que quero que você veja a análise prescritiva. Ela é uma coisa externa que vai nos ajudar. Mas, com prescrições para nos ajudar a nos sentirmos melhor, às vezes temos de seguir as instruções. Talvez tenhamos que tomar o medicamento com alimentos. Talvez tenhamos que tomá-los pelo menos duas vezes ao dia. Talvez haja um padrão decrescente de quantos medicamentos você toma por dia. Seja qual for o caso, você pode ter instruções para ajudá-lo a consumi-los. Pense nisso da mesma forma que na análise prescritiva. Talvez você tenha "instruções" ou coisas que o capacitem a usar a análise prescritiva. É assim que quero discutir o aprimoramento da análise prescritiva para indivíduos e organizações. Observe que às vezes é tão fácil quanto tomar uma pílula; às vezes, a análise prescritiva pode ser simples, mas não vamos contar com isso e vamos nos aprimorar como indivíduos e organizações para melhorar com essa análise avançada.

MENTALIDADE DE DADOS, ANÁLISE E ALFABETIZAÇÃO DE DADOS — ANÁLISE PRESCRITIVA

Falamos sobre isso na última seção de análise, a análise preditiva, e a mentalidade será semelhante, se não muito próxima dela. A realidade é que, quando pensamos em como podemos melhorar como indivíduos e organizações com a análise prescritiva, isso pode se resumir à alfabetização geral de dados da organização e à capacidade da organização e dos indivíduos de tomar decisões com as ferramentas, tecnologias e análises que a análise prescritiva pode impulsionar. Na realidade, a capacidade da organização de conduzir a análise prescritiva se resume à alfabetização de dados; ela também pode se resumir à mentalidade.

ALFABETIZAÇÃO DE DADOS

Como a alfabetização de dados influencia a capacidade de uma organização de utilizar a análise prescritiva? A capacidade de ler os resultados e os dados da análise prescritiva e, em seguida, utilizá-los para tomar uma decisão é crucial. A definição de alfabetização de dados da Qlik, que usei enquanto trabalhava lá e que ainda uso, é a capacidade de ler, trabalhar, analisar e se comunicar com dados. Precisamos que a análise prescritiva seja utilizada corretamente. Precisamos que as pessoas sejam capazes de ler os dados e as informações. Precisamos que elas trabalhem com eles, e, nesse caso, a maioria das pessoas estará apenas utilizando a análise prescritiva que lhes foi apresentada. Em vez disso, quero que você pense em adicionar seu elemento humano — não pegue apenas o que a máquina lhe deu. Em vez disso, combine seu elemento humano e o elemento analítico prescritivo. Por fim, precisamos que as pessoas comuniquem adequadamente a análise prescritiva e como a estamos aceitando pelo valor de face ou como a estamos mudando com o elemento humano. A comunicação é o ingrediente secreto dos dados e da análise, portanto, na análise prescritiva e em todos os níveis de análise, você precisa ser capaz de comunicá-la bem. Vamos conversar um pouco sobre essa comunicação.

COMUNICAR

Se for você quem está criando a análise prescritiva, seu trabalho é ser capaz de comunicá-la bem às massas para que elas a entendam. Não se comunique com seu nível de análise. Isso é algo que as pessoas precisam entender com relação à comunicação.

Conhecer seu público é fundamental! Se seu público tiver habilidades técnicas, fale sobre elas. Se seu público não tiver habilidades técnicas, não se comunique com jargões e palavras técnicas. Se estiver recebendo a análise prescritiva, você pode estudar e aprender coisas. Reserve um tempo para refletir sobre a análise ou o que está sendo comunicado a você e para aprender as peças-chave. Não cabe apenas ao pessoal técnico se comunicar melhor com as massas. As massas devem trabalhar em suas habilidades para entender melhor.

MENTALIDADE

Agora, não se trata apenas de alfabetização de dados. Para mim, a mentalidade é um aspecto fundamental. Com a análise prescritiva, precisamos que as pessoas entendam o modelo de maturidade da análise do Gartner sobre o qual falamos. Precisamos ter uma mentalidade que entenda a estratégia de dados e análise. Precisamos entender cada nível de análise, inclusive a análise prescritiva. Aqui temos a combinação de mentalidade com alfabetização de dados. Lembre-se de que você já é alfabetizado em dados, mas talvez não esteja totalmente alfabetizado em dados em todos os níveis de análise no nível necessário. Não tem problema! Vamos nos divertir! Nunca se esqueça disso. Afinal, temos o modelo de maturidade analítica do Gartner. Quero que você desenvolva uma mentalidade de maturidade analítica semelhante. Isso significa que você precisa progredir pelos níveis de análise da mesma forma que uma organização progride por eles.

Primeiro, à medida que desenvolve as habilidades de análise, torne-se bom em análise descritiva, onde você pode ler e entender o que está acontecendo. Faça disso uma base sólida. Sua mentalidade deve ser a de progredir nos níveis. Parte dessa mentalidade é questionar a análise descritiva. Então, progredimos e temos uma mentalidade que diz: "Ok, eu sei o que aconteceu, deixe-me fazer algumas perguntas para entender o porquê." Essa é a sua análise diagnóstica, e ter uma mentalidade para questionar as coisas e chegar ao porquê é o que queremos. Então, sua mentalidade passa a ser a de saber o que aconteceu e por que aconteceu, ou pelo menos ter teorias (encontrar um porquê perfeito pode ser difícil); podemos passar para a mentalidade que diz: "Tudo bem, estou pronto para prever coisas." Não queremos parar no "o que" e no "por que", mas queremos crescer para o que poderia ser. Isso pode ou não ser construído por você. Mas queremos chegar a previsões que possam ser criadas por meio da análise preditiva e, em alguns casos, da análise prescritiva. Nossa mentalidade precisa ser: "Este é um processo, e só porque eu fiz todos os quatro níveis de análise não significa que terminamos." Quero que saiba que esse é um processo contínuo. Às vezes, você pode passar de descritivo para diagnóstico e para descritivo. Talvez você nunca use uma análise prescritiva. Pode ser que você use as três primeiras. Mas a mentalidade é aquela que sabe disso e está desenvolvendo a alfabetização de dados para que possa entender e ler melhor os dados, trabalhar melhor com eles, analisá-los melhor e se comunicar melhor. Se você melhorar suas habilidades de alfabetização de dados, poderá melhorar suas habilidades com os quatro níveis de análise.

ANÁLISE PRESCRITIVA E O TRIDATA

Lembra-se de nosso maravilhoso tridata? Pense nos elementos: solução de problemas, tomada de decisão e execução orientadas por dados. Como você acha que a análise prescritiva pode ajudar o tridata? Isso é o inverso. Não estamos falando sobre como você pode usar essas três coisas para melhorar a análise prescritiva, mas sim sobre como a análise prescritiva pode ajudá-lo com o tridata. Espero que isso faça sentido. Vamos começar a discutir cada nível e a combinação do elemento humano e dos dados. Nesse caso, a análise prescritiva.

SOLUÇÃO DE PROBLEMAS BASEADA EM DADOS E ANÁLISE PRESCRITIVA

Quantos de vocês já dominaram sua capacidade de resolver problemas? Você a domina como uma ciência? Provavelmente, você é melhor nisso do que imagina. É provável que resolva problemas naturalmente todos os dias. Talvez seja durante uma viagem de carro para algum lugar e você use o GPS para ajudá-lo a chegar lá. Talvez esteja fazendo a faxina em sua casa. Talvez seja em seu trabalho. Mas você está resolvendo problemas quase sempre. Agora, e se pudermos introduzir uma tecnologia que o permita resolver problemas ainda melhor? Agora sim, é isso!

Em dados e análise, já vemos isso na ampliação de nossa análise. A história de minha viagem à África do Sul se aplica a esse caso. Enquanto estava lá, um senhor me perguntou se a tecnologia nos deixaria preguiçosos. Espero que não! A tecnologia é uma ferramenta para nos ajudar e aprimorar nosso trabalho. Por favor, não fiquem preguiçosos porque ela está lá ajudando a fazer o trabalho para nós. Em vez disso, quero que vocês a usem para aprimorar seu trabalho. Com o senhor da África do Sul, direcionei a pergunta para ele. Eu disse: imagine que você tivesse uma tarefa analítica e de dados que levaria três horas. E se a tecnologia puder fazer isso por você em 15 minutos? Isso lhe dá 2 horas e 45 minutos para fazer o trabalho profundo, que é o que Cal Newport menciona em seu livro *Trabalho Focado.*[1] Use o tempo para pensar no problema. Para pensar no que está acontecendo. Use isso com a análise prescritiva e a solução de problemas orientada por dados.

Imagine que você tem uma ferramenta e uma tecnologia que podem ajudá-lo a pintar um quadro, fornecer análises e dados que podem ajudá-lo a resolver problemas. Espero que tire proveito disso. Não é ótimo ter algo que pode ser adicionado à sua caixa de ferramentas para ajudá-lo? É assim que quero que pense sobre dados, análise e análise prescritiva. O que você está construindo é um conjunto de habilidades para poder usar as ferramentas e os dados, e as ferramentas não técnicas que podem existir na alfabetização de dados, para aprimorar suas habilidades. Aqui aprimoraremos nossa capacidade de solucionar problemas com base em dados. Você consegue ver o belo trabalho dos elementos humano e de dados se unindo? Espero que sim.

Use as ferramentas para ajudá-lo a pensar criticamente sobre o problema. O pensamento crítico é meu terceiro C de alfabetização de dados. Nesse caso, você está observando como a análise prescritiva chega até você e pode pensar criticamente sobre ela com uma ligação direta com o problema que está resolvendo. Quando receber a análise prescritiva, não quero que se sente e diga: "Isto não pode ser verdade." Quando vemos dados e análise, acho que isso é algo que, infelizmente, é muito comentado. Agora, não me entenda mal, isso pode ser falso. Essa não é a questão aqui. A realidade é que quero que todos tenham uma mente aberta e pensamentos abertos sobre as métricas e os dados colocados à sua frente. Em vez de dizer "Isto não pode ser verdade", quero que você comece a perguntar: "Isto pode ser verdade?" Com essa pergunta, você está usando a mentalidade que quero que tenhamos. Estamos abrindo nossa mente para as coisas.

Com a solução de problemas e a análise prescritiva, não queremos que o viés de confirmação se instale. O viés de confirmação é a busca por dados que apoiem nossos pensamentos. Então, quando observamos a análise prescritiva, estamos fazendo isso com uma lente que espera que ela apoie nossas noções preconcebidas? Espero que não. Em vez disso, faça perguntas sobre o assunto. Se a análise prescritiva apoiar o que você está procurando, pergunte a si mesmo: "Isto pode ser falso?" Então, investigue. Se ela não o apoiar e, talvez, for totalmente contra seus pensamentos, faça a pergunta: "Isto pode ser verdade?" Depois investigue. Tornem-se os detetives baseados em dados para a solução de problemas que eu sei que todos podem ser.

TOMADA DE DECISÃO BASEADA EM DADOS E ANÁLISE PRESCRITIVA

A tomada de decisões é uma questão interessante. Com a análise prescritiva, podemos estar inclinados a pensar que isso é fácil. A análise prescritiva está nos dizendo o que fazer. Bem, pode ser simples assim, você está certo. Então, como podemos melhorar, como pessoas e organizações, na tomada de decisão baseada em dados e na análise prescritiva? A resposta está na comunicação da decisão ao longo de todo o processo.

Falamos sobre mentalidade, sobre questionar as coisas, sobre iteração, e falamos até sobre comunicação, mas agora queremos falar especificamente sobre isso na tomada de decisões, e quero enfatizar um ponto-chave: permitir que as pessoas compartilhem seus pensamentos sobre a decisão.

Antes de qualquer outra coisa, gostaria de observar que não vivemos em um mundo, individual ou organizacionalmente, em que temos tempo infinito para questionar as coisas, certo? Gostaria que tivéssemos. Eu adoro pensar. Adoro refletir. Adoro filosofia. Mas, em nosso mundo, às vezes as decisões têm de ser rápidas, precisam ser tomadas a uma velocidade incrível. Portanto, nesse caso, há dois tipos de questionamento que quero que aprimore individualmente e que as organizações acrescentem à sua cultura: o questionamento pós-decisão e o questionamento pré-decisão. Vamos dar uma olhada primeiro no questionamento pré-decisão.

QUESTIONAMENTO PRÉ-DECISÃO

Quando você tem tempo para tomar decisões, por exemplo, quando está fazendo o lançamento de um grande produto e procura solicitar ideias para o produto em si, pode estar usando a análise prescritiva para conduzir essa decisão. Na verdade, você pode ter usado todos os quatro níveis de análise, mas nosso capítulo trata da prescritiva. Você está usando a análise prescritiva, e os dados estão mostrando que você se inclina em determinada direção com o produto. Ao fazer isso, imagine que usa apenas a análise prescritiva e sua interpretação individual — você acha que está fornecendo respaldo suficiente para a decisão? Eu diria que não. Se tiver tempo, em vez disso, o que você quer fazer é criar a cultura para que as pessoas possam entrar e questionar as coisas. Não se trata apenas de *permitir* que ocorram, mas de *convidá-las* a ocorrer. Quero que você tenha um fórum e uma discussão tão abertos em sua empresa que as pessoas se sintam absolutamente à vontade para questionar a análise prescritiva e a decisão. "Por que o algoritmo deu esse resultado?" Aqui está uma pergunta da qual as pessoas podem não gostar: "Você pode me dizer quem é o responsável por essa decisão de aprendizado de máquina? Eu só quero fazer algumas perguntas." Essa pergunta deixa as pessoas na defensiva, mas não deveria. Precisamos ter esse fórum aberto para questionar a análise prescritiva e a decisão. Quando tivermos tempo suficiente, permita que o questionamento ocorra em toda a organização com relação à análise prescritiva e à(s) decisão(ões) a que ela levou.

QUESTIONAMENTO PÓS-DECISÃO

Deixe-me perguntar isto: você sempre tem todo o tempo do mundo para tomar as decisões que deseja? Você tem uma vida tão "não ocupada" que nunca, jamais, precisa tomar uma decisão em um estalar de dedos? Bem, acho que ninguém está dizendo isso, e não há problema algum. Às vezes, não temos tempo para tomar decisões dessa maneira. Tudo bem. Nos negócios, pode ser a mesma coisa. Pense na pandemia da Covid-19. Conheço uma empresa que não estava pronta para colocar todos em trabalho remoto; eles não estavam preparados para isso, então levou algum tempo. Aposto que eles gostariam de ter tido mais tempo, ou talvez não. Talvez tenha sido o chute no traseiro de que eles precisavam.

A realidade é que, em nosso mundo acelerado, a tomada de decisões pode ser necessária no que parece ser uma fração de segundo. Quando sua análise estiver em andamento e as coisas estiverem bem configuradas, talvez você tenha sua análise prescritiva configurada de forma que possa recorrer a ela a qualquer momento. Isso seria maravilhoso, e o objetivo seria esse. Então, quando essas decisões de frações de segundo surgirem, você poderá tomá-las. O que quero que faça é criar um ambiente em que questione as coisas depois, o que, com sorte, o ajudará a preparar sua empresa para tomar decisões melhores no futuro. O segredo é não se esquecer desse tipo de questionamento. Você provavelmente tem uma vida ocupada, como todos nós temos. Portanto, programe um tempo, não importa quanto seja, para conduzir o questionamento. Talvez você marque uma reunião ou uma semana a cada trimestre para investigar a análise prescritiva que foi usada para tomar uma decisão. Talvez você esteja apenas questionando a decisão em si e todos os níveis de análise que foram usados nela. Apenas não se esqueça de reservar um tempo para que o questionamento ocorra. Provavelmente você obterá cada vez mais insights para ajudá-lo a tomar decisões mais inteligentes no futuro.

EXECUÇÃO BASEADA EM DADOS E ANÁLISE PRESCRITIVA

Não sei se há muito a ser dito aqui, exceto que não se deixe levar pela paralisia da análise ou da perfeição. Isso acontece. Isso definitivamente acontece. Talvez pensemos que estamos apenas em parte do caminho. Usamos a análise prescritiva para ajudar na solução de problemas e na tomada de decisões, agora só precisamos implementar e colocar essa decisão em prática. Isso é fantástico! Mas espere, e se você fizesse algo diferente? E se ajustássemos aqui, aqui ou aqui? Obtivemos dados suficientes? Tivemos o envolvimento de todas as partes apropriadas? Precisamos fazer algo mais? E assim por diante, e assim por diante, e assim por diante... Pare! Sim, adoro perguntas, eu as adoro, mas às vezes, se não estamos avançando porque não paramos de fazer perguntas, estamos prestando um desserviço a nós mesmos e possivelmente prejudicando nossa organização como um todo.

Em vez disso, você pode usar o pré-questionamento e o pós-questionamento que acabei de mencionar. Você também deve se sentir confortável com a mentalidade iterativa. Espero que não estejamos buscando a perfeição. Quero que busquemos ser consistentemente bons. Ser consistentemente bom supera o fato de ser ocasionalmente perfeito ou ótimo. Portanto, sinta-se à vontade para não ter todas as respostas e implementar as decisões baseadas em dados. Em seguida, itere e siga em frente.

RESUMO DO CAPÍTULO

Não consigo acreditar que já passamos por todos os quatro níveis de análise — isso é empolgante. Espero que você tenha aprendido uma ou duas coisas ao longo dos capítulos. Neste capítulo, abordamos como as pessoas e as organizações podem se aperfeiçoar na análise prescritiva. Se você tem curiosidade sobre as coisas e vê como pode implementá-las individualmente, mas não vê como fazer isso em termos organizacionais, dê um passo atrás e pense: se você está fazendo perguntas como indivíduo, talvez seja necessário promover uma cultura na organização de fazer perguntas e permitir um espaço seguro para isso.

No próximo capítulo, abordarei todos os quatro níveis de análise para tomar uma decisão e darei minhas dicas e truques para fazê-lo. Vamos começar.

DEFINIÇÕES E CONCLUSÕES DO CAPÍTULO

- **Análise prescritiva e o tridata:** a análise prescritiva pode desempenhar um papel em todos os três níveis do tridata, lembre-se disso. Aproveite o poder das máquinas para ajudá-lo a solucionar problemas, tomar decisões e, se a máquina puder, executá-las. Se ela não estiver executando, você usará a análise prescritiva para ajudá-lo a chegar a uma decisão e, em seguida, executará essa decisão. Portanto, ela desempenha um papel em todos os três níveis. Espero que isso faça sentido para você.

NOTA

[1] Newport, C (2016) *Deep Work*, https://www.calnewport.com/books/deep-work/ (arquivado em https://perma.cc/RH7G-ZKYP).

PARTE TRÊS

Juntando tudo

Nos dois últimos capítulos, espero poder reunir tudo o que foi dito no livro. No Capítulo 16, compartilharei meu programa de seis etapas para a progressão analítica individual e organizacional. Faça anotações e descubra onde você se encaixa nas seis etapas. Uma coisa importante que quero que faça: questione tudo. Seja curioso e faça perguntas. Essa etapa se aplica a mim? Como posso ou não aplicar essa etapa ao meu trabalho atual? Quem eu conheço que é bom nessa etapa? Seja curioso e faça perguntas. Além disso, pergunte como você pode ser criativo dentro das seis etapas.

A conclusão será um resumo. Espero que ele contenha bons lembretes do livro para você e possa ajudá-lo a aumentar a compreensão e o conhecimento. Se não quiser reler um capítulo inteiro, não o faça — vá para a seção final de cada capítulo e encontre aquele que contém a parte de que precisa. Você pode, então, voltar a esse capítulo para aprender mais ou relê-lo. Agora vamos para o Capítulo 16.

16

Usando os quatro níveis de análise para capacitar a tomada de decisão

SEIS ETAPAS DA PROGRESSÃO ANALÍTICA

Ok, chegamos até aqui e só nos restam dois capítulos, então sobre o que falaremos? Neste capítulo, reuniremos os quatro níveis de análise para capacitar a tomada de decisão. Já falamos sobre tomada de decisões, mas desta vez falaremos sobre uma decisão específica que passará pelos quatro níveis de análise. Mas, espere, há mais neste capítulo. Compartilharei com você meu programa de seis etapas para o progresso analítico individual e organizacional. Uma coisa que quero que aprenda com essa progressão em seis etapas é que ela não é uma solução única para todos. Pessoalmente, você estará em algum lugar ao longo desse programa de progressão, e isso é maravilhoso. Se você trabalha em uma organização, diferentes áreas dela estarão em diferentes estágios da progressão. Algumas estarão mais adiantadas, outras estarão no início, mas saiba que você está trabalhando para que todos consigam subir a montanha. Deixe-me apresentá-lo às seis etapas:

1. Conscientização
2. Compreensão
3. Avaliação
4. Questionamento
5. Aprendizagem
6. Implementação

É isso, nada sofisticado, nenhuma palavra nova ou inventada, mas é uma progressão. Para começar este capítulo, deixe-me guiá-lo por cada uma das seis etapas; abordarei cada etapa de duas perspectivas:

- Se sua organização é nova ou não faz a menor ideia do que seja alfabetização de dados.

- Como aplicar a etapa por meio do processo analítico se você já estiver na jornada.

Em seguida, as usaremos em um exemplo com os quatro níveis de análise. Enquanto apresento este exemplo, sua tarefa não é tentar associá-lo ao seu trabalho, mas usá-lo como inspiração. Quando eu usar exemplos pessoais e não comerciais neste livro, espero que eles sirvam para inspirá-lo e ajudá-lo a reconhecer oportunidades ou exemplos em sua vida. Bom, vamos começar.

ETAPA 1: CONSCIENTIZAÇÃO

Às vezes, quando palestro, me perguntam: "Como faço para dar andamento a um programa de alfabetização de dados? Como posso fazer com que aqueles que ainda não aderiram ao programa o façam e o apoiem totalmente?" Essa é uma boa pergunta. Reserve alguns momentos para si mesmo e pense: "Como fui persuadido a aceitar algo ou como acho que posso fazer com que as pessoas aceitem uma ideia?" Uma das primeiras coisas que você deve fazer é conscientizar a organização sobre a ideia ou a solução, e isso é semelhante aos quatro níveis de análise.

O que significa conscientização? Para mim, conscientização é o conhecimento de algo. É ouvir ou ler sobre uma ideia ou algo que está acontecendo. Na alfabetização de dados, se eu estiver criando um programa, vou querer que as pessoas conheçam a ideia, vou querer trazer palestrantes para ajudar a promovê-la. Quero que as pessoas ouçam sobre ela. Agora, isso está intimamente ligado à segunda etapa, a compreensão, mas chegaremos a ela em breve.

Conscientização significa levar uma ideia ao público, seja individual ou coletivamente, como uma organização, e fazer com que ele a ouça. Talvez eu faça uma sessão de palestra pública e fale por 35 a 45 minutos, conscientizando sobre a alfabetização de dados. Isso não é uma compreensão verdadeira, mas talvez eles entendam um pouco; talvez ouçam o porquê por trás disso, mas essa é a etapa 1.

Dentro dos quatro níveis de análise, precisamos estar cientes deles. Você sabia que havia quatro níveis de análise antes de ler este livro ou ouvir falar dele? Se não, espero que eu tenha lhe dado conhecimento. Lembro-me de estar em um jantar com um homem inteligente que disse que as pessoas já conheciam os quatro níveis de análise. Não, não conheciam. Não sei bem por que não conheciam, mas talvez seja porque, se você não trabalha no mundo dos dados e da análise, provavelmente só ouve o termo "análise". Claro, alguns podem ter ouvido falar desses níveis, e, sim, algumas pessoas os conheciam, mas não todos eles. A primeira etapa é conscientizar sobre o tópico em si. No caso da análise, isso significa conscientizar cada nível, talvez compartilhando ideias ou exemplos das análises descritiva, diagnóstica, preditiva e/ou prescritiva. Conscientize seu público, seja ele grande ou pequeno, para ajudar a impulsionar os quatro níveis de sucesso da análise.

Outra forma de conscientização: se você já é uma organização que está trabalhando com a alfabetização de dados e as pessoas estão cientes da necessidade disso, o que dizer da conscientização sobre os próprios problemas? Isso é fundamental. Se uma organização estiver executando dados e análise, a conscientização se torna a conscientização de um problema ou de algo que estamos tentando resolver com dados e análise. Estamos cientes da análise que está sendo desenvolvida? Estamos cientes dos quatro níveis e de como eles estão sendo usados em um problema específico? A conscientização tem a ver com o início de uma organização e com a compreensão dos problemas, dos dados, da análise e do que estamos tentando resolver. Com a conscientização, temos um bom ponto de partida para progredir.

ETAPA 2: COMPREENSÃO

Bem, esperamos que a esta altura do livro você já tenha uma boa compreensão de cada um dos quatro níveis de análise e saiba contextualmente o que eles são e como funcionam. Entender é levar a conscientização para o próximo nível. Um exemplo comercial e pessoal disso pode ajudar.

Nos negócios, você não pode contar apenas com o conhecimento de dados e análise ou com as ferramentas que os auxiliam. Você precisa entendê-los. E isso é feito no contexto. Vamos dar uma olhada nas visualizações de dados. Você pode conhecê-las, mas, para usá-las bem, precisa compreendê-las e entender sua finalidade.

No âmbito do condicionamento físico, que desempenha um papel tão importante em minha vida, tanto mental quanto fisicamente, estar ciente de coisas como meditação, levantamento de peso, corrida, spinning e ioga é bom, mas não nos levará aonde queremos chegar. Em vez de apenas estar ciente de algo como meditação e saber um pouco sobre ela, quero que entendamos o que é, como funciona e por que é importante. Isso é compreensão.

Por exemplo, sabemos que levantar pesos é fantástico para nossa saúde física, mas será que realmente entendemos como isso desempenha um papel em nossa jornada de condicionamento físico? Podemos estar cientes de que a meditação é poderosa e ótima para nós, talvez tenhamos ouvido falar dela, mas será que entendemos como ela pode nos ajudar com nossa saúde mental ou a estar mentalmente em uma situação melhor? Aqui vemos a progressão de apenas estar consciente para a compreensão. Podemos levar isso para o próximo nível.

O mesmo acontece com os quatro níveis de análise. Podemos estar cientes de cada um dos quatro níveis, mas, com um entendimento verdadeiro e sólido de cada nível, avançamos da etapa 1 para a etapa 2. Aqui, com um bom entendimento de cada nível, podemos implementá-lo melhor e com mais força. Com um sólido entendimento da análise descritiva, não estamos mais apenas cientes da narrativa ou da visualização de dados, mas entendemos onde eles podem se encaixar na análise ou nos negócios. Com uma compreensão da análise diagnóstica e de todos os quatro níveis de análise, podemos entender que a análise descritiva é apenas o começo e, em alguns casos, tudo de que precisamos para construir determinado contexto. Porém, com um entendimento completo dos quatro níveis de análise, temos uma boa compreensão de cada nível e de seu lugar em nossa jornada.

Assim como a conscientização, há outra parte da compreensão e, de fato, todas as seis etapas. Há um entendimento da necessidade de levar a organização adiante com a alfabetização de dados, mas agora daremos uma olhada nas perspectivas individuais e organizacionais se já entendemos sobre alfabetização de dados e sobre dados e análise. Esse entendimento é sobre o problema em si e a análise que está sendo usada. Falamos sobre estar cientes disso, e agora você está progredindo na análise com uma compreensão do que está sendo feito e por quê. Você pode seguir esta ordem:

- Você entende quais análises descritivas foram usadas.
- Você entende ou tem ideias sobre o porquê.
- Você entende as análises preditiva e prescritiva.
- Você tem esse entendimento. Você está subindo a montanha.

ETAPA 3: AVALIAÇÃO

Bem, uma vez que estamos individualmente cientes dos quatro níveis de análise e os compreendemos, o que fazer então? Bem, temos de entender onde nós e/ou nossa organização nos encontramos atualmente com nossos talentos dentro dos quatro níveis de análise. Podemos estar entusiasmados e querer usar todos os níveis, mas, sem uma sólida compreensão de nosso nível de habilidade atual, talvez não estejamos prontos para avançar pelos quatro níveis de análise. Em vez disso, sem uma conscientização, compreensão ou avaliação, podemos ser atraídos para o objeto brilhante e comprá-lo, mas ele não é suficiente. Portanto, uma etapa sólida após as duas primeiras etapas é avaliar suas habilidades pessoais e fazer uma avaliação de toda a organização. A avaliação organizacional completa pode ser um bom mapa ou bússola para o que precisa ser feito. Por quê?

Com uma avaliação de toda a organização, você está fazendo um *benchmarking* de onde está em determinado momento. Você sabe qual é seu nível, mas, melhor ainda, ao avaliar uma organização, está abrindo a porta para entender onde há habilidades fortes e onde não há. Isso pode ajudá-lo a construir seu sistema de suporte para uma comunidade de dados e análise, pois pode informar às pessoas onde elas estão pessoalmente e onde estão aqueles com as habilidades necessárias. Isso permite que as pessoas trabalhem e encontrem aqueles que podem ajudar. Uma comunidade de dados e análise é algo que considero muito importante para a cultura orientada por dados de uma organização. Ao entender quem tem quais habilidades e onde elas se encontram na organização, você pode traçar melhor os planos de aprendizado e ajudar a estimular divulgadores ou apoiadores da estratégia de dados e análise que está implementando em toda a organização.

Aqui, essa avaliação faz parte de uma estratégia de alfabetização de dados. A alfabetização de dados deve permear toda a organização. Ela não é uma solução única para todos os casos, nem requer um workshop de uma hora e, pronto, você chegou à alfabetização de dados. É possível trabalhar em toda a organização para aprimorar as habilidades, mas é preciso saber por onde começar com a base de conhecimento. É preciso saber onde estão as lacunas de habilidades. Você precisa saber quem pode fazer o que e onde. Ao avaliar a organização e os indivíduos, pode descobrir onde eles estão nos quatro níveis do espectro analítico e começar a preencher as lacunas. Não dê a eles um workshop e pense que é só isso. Em vez disso, faça com que se trate de aprendizado prescritivo. Encontre as lacunas e as preencha. Você pode até usar a análise prescritiva para orientar isso; não se esqueça de que você pode usar dados para orientar suas jornadas de aprendizagem.

Se você é uma organização que já está em sua jornada, como a avaliação entra em cena? De forma simples e direta, você precisa avaliar o que está fazendo e avançar para a próxima etapa, o questionamento. Pense nisso. Você quer avaliar os quatro níveis de análise, pois isso pode ajudar a impulsionar um maior entendimento. Avalie cada nível — descritivo, diagnóstico, preditivo e prescritivo. Obtenha um entendimento sólido de cada um deles utilizando a próxima etapa, o questionamento.

ETAPA 4: QUESTIONAMENTO

A curiosidade é um dos aspectos mais importantes do trabalho analítico e de dados. As perguntas estimulam a corrida. As perguntas estimulam as ideias. Em seguida, você avança na jornada dos dados e análise. Sem consciência, compreensão e avaliação, talvez você não saiba como questionar ou mesmo o que está questionando. Na verdade, pode-se dizer que fazer uma pergunta pode vir antes de qualquer uma das três primeiras etapas, o que é bastante justo. Quero que todos sejam mais curiosos (um dos meus 3 Cs da alfabetização de dados) e que as perguntas sejam feitas em toda a organização. No entanto, nesse caso, estou falando de questionamentos específicos dentro dos quatro níveis de análise, então é um pouco diferente. Aqui está o que quero dizer.

Com a análise descritiva, você pode questionar:

- Temos dados suficientes para nos ajudar a entender melhor?
- Há uma visualização melhor que podemos usar para contar a história do que está acontecendo?
- Essa é uma ótima análise descritiva, mas o que ela significa? Por que a visualização é assim? Qual é a tendência e por que ela está acontecendo?

Veja, eu entrei na análise diagnóstica ou nos impulsionei a ela. Você tem a análise descritiva e começa a transformar o "o que" em um "por quê". Essa é a análise diagnóstica. Faça perguntas como:

- Por que estamos vendo isto?
- Por que você usou esta visualização para fazer isto? Podemos melhorá-la? Porque não estou vendo ou não consigo encontrar o "por que" aqui.
- Por que nos importamos com esses dados? Qual é o objetivo?

A progressão continua. Agora sabemos o "por que" e começamos a perguntar:

- O que isso significa para o futuro?
- Como usá-lo para ajudar a prever modelos?

Em seguida, estamos criando previsões e podemos questionar essas previsões. Por fim, temos o poder da máquina e começamos a utilizar o aprendizado de máquina que temos para nos ajudar a desenvolver a análise prescritiva. Então, podemos perguntar:

- Como o elemento humano se encaixa nesta análise prescritiva?
- Como posso trazer meus pensamentos e minha intuição para esta análise prescritiva?

Veja, questionar as coisas. Isso é poderoso, pois pode fazer com que a jornada analítica avance de forma poderosa. Tome consciência, compreenda e avalie. Em seguida, desenvolva suas habilidades e torne-se realmente bom em fazer perguntas.

Como estamos falando sobre cada etapa em dois contextos diferentes, um em que os indivíduos ou as organizações são novatos e outro em que não são, as perguntas mostradas ajudam em ambos os casos.

ETAPA 5: APRENDIZAGEM

Agora que temos nossas perguntas em andamento, e provavelmente há um número infinito de possibilidades de perguntas para todos os campos de possibilidades analíticas, começamos a aprender e progredir em nossos quatro níveis de análise.

As perguntas que fazemos podem nos levar a saber o que está acontecendo, e depois buscamos e encontramos novas maneiras de fazer as coisas dentro dos quatro níveis de análise. Com a análise descritiva, você pode se perguntar por que usou determinada visualização; você pode descobrir a resposta para o motivo da escolha e, então, ter novas ideias para uma nova visualização que poderia ser usada para aumentar a compreensão ou aprimorá-la a fim de ajudá-lo com a análise diagnóstica. Em seguida, quando estiver procurando entender o porquê, talvez esteja aprendendo coisas novas. Isso pode levá-lo a seguir o mesmo caminho que vinha seguindo ou pode levá-lo a um caminho diferente, e tudo bem. Isso é você aprendendo e progredindo. Com o que aprendeu, pode criar previsões e depois avaliar se essas previsões foram bem-sucedidas. Você está aprendendo, modificando e crescendo. Por fim, você pode aprender o que a análise prescritiva diz e combiná-la com o elemento humano, apenas para não acreditar que a análise prescritiva está certa ou sentir que precisa seguir uma direção diferente. Maravilhoso: aprenda e progrida.

Ao olharmos para isso com duas lentes, a dos iniciantes e a dos que já estão se movendo, o aprendizado pode ter duas facetas. Uma delas é o aprendizado a partir de uma perspectiva de alfabetização de dados para obter conhecimento sobre como fazer as coisas melhor, e a outra é o aprendizado sobre os quatro níveis de análise e como eles abordam um problema. Em seguida, tome decisões mais inteligentes e informadas sobre as coisas para levá-las ao próximo nível: a implementação.

ETAPA 6: IMPLEMENTAÇÃO

Agora, com todo esse aprendizado e crescimento por meio da progressão analítica, é preciso implementar. Você não pode se sentar e apenas pensar nos dados e nas respostas que desenvolveu — é necessário executar. Você precisa tomar decisões e executar as ideias. Uma ideia em dados e análise é desperdiçada sem algum tipo de execução, mesmo que seja apenas pensar sobre a ideia. Utilize seu progresso aqui e impulsione a execução de ideias e de estratégias.

TOMAR UMA DECISÃO COM OS QUATRO NÍVEIS DE ANÁLISE

Agora usaremos essas seis etapas para nos levar a uma decisão, combinando-as com os quatro níveis de análise. Não usarei todas as seis etapas com todos os quatro níveis de análise; isso pode resultar em um capítulo muito longo. Em vez disso, espero que eu tenha algumas ideias sobre como usá-las e que possa ajudá-lo a usar as seis etapas e os quatro níveis adequadamente. Optarei por descrever um exemplo pessoal e, em seguida, um exemplo comercial: preparação para outra ultramaratona e criação de uma campanha de marketing. Minha esperança é que, independentemente de usar um exemplo pessoal ou comercial, isso desperte em sua mente uma ideia do que você pode fazer, seja pessoal ou comercial. Não teremos as mesmas preocupações, problemas ou ideias em nossa vida pessoal ou empresarial, e, se tivermos, mais poder para nós. Mas acho que um exemplo pessoal pode parecer, bem, mais pessoal. Deixe que ele o inspire em sua vida pessoal. Um exemplo de negócios pode ajudar a inspirá-lo no trabalho, e ambos os tipos podem ajudar a inspirá-lo de maneiras diferentes. O simples fato de ter um exemplo hipotético de negócios pode não despertar entusiasmo em você nem impulsionar nada. Em vez disso, faremos com que o exemplo pessoal seja sobre uma dificuldade pela qual passei e, assim, desperte ideias e discussões sobre sua própria jornada pessoal com os quatro níveis de análise.

EXEMPLO PESSOAL

A preparação para uma ultramaratona exige tempo e dedicação, e o uso de dados é potente. Minha jornada com a Speedgoat no ano passado não foi o que poderia ter sido. Eu estava correndo sozinho, tinha meus bastões de trekking e tinha a vantagem de já ter corrido duas vezes antes, mas nada me preparou mentalmente para o que vivi. Foi doloroso, não foi agradável, e não tenho certeza se já quis desistir de uma corrida antes em minha vida. Mas consegui terminar com uma grande ajuda de minha família, que chegou a um dos picos. Sem a presença deles, não sei se teria terminado. Eu tinha o desejo de pegar um atalho, mas nunca o fiz, então continuei. Como posso usar minha progressão em seis etapas para me ajudar a melhorar? Como posso combiná-la com os quatro níveis de análise? E a pergunta absolutamente mais importante aqui: como você pode usar as seis etapas e os quatro níveis em sua vida pessoal e em sua carreira? Como uma organização pode fazer isso? Lembre-se de que essas seis etapas e os quatro níveis podem ser utilizados para ajudar na criação de novos produtos ou no aprimoramento dos existentes, nos processos de contratação, nas campanhas de marketing e nas metas pessoais. Use-os!

Enquanto escrevia este livro, fui convidado para correr uma ultramaratona de 80 quilômetros. Para começar, preciso criar uma análise descritiva para mim mesmo sobre a preparação para a corrida e o que preciso fazer. Preciso usar meu processo de seis etapas e desenvolver uma consciência e uma compreensão de meu estado atual de condicionamento físico. Qual é meu peso? É muito peso para carregar em uma corrida de 80 quilômetros? Qual é meu condicionamento cardiorrespiratório no momento? Como está minha flexibilidade? Como está minha nutrição? Como está minha hidratação (oh, o assassino da Speedgoat 50k deste ano)? Para começar, posso criar análises descritivas a fim de conhecer meu estado de saúde. Isso pode me ajudar a promover a conscientização e a compreensão, o que me impulsiona a trabalhar de forma diferente e melhor para me preparar (se eu fosse correr, no momento em que escrevo, teria cerca de sete meses e meio para me preparar — tempo mais do que suficiente, com meu histórico e minha experiência).

Portanto, já estamos vendo a conscientização e a compreensão, e, na verdade, não mencionei isso, mas também estamos avaliando. Podemos usar análises descritivas e diagnósticas para fazer isso. Podemos levar para casa a compreensão do que está acontecendo, de onde estou atualmente com meu nível de condicionamento físico, e podemos entender por que isso está acontecendo.

Com o uso das análises descritiva e diagnóstica, agora também posso direcionar meu questionamento e aprendizado. "Ok, no ano passado, eu não estava onde precisava estar para os 50 quilômetros da Speedgoat, isso é definitivamente evidente, mas preciso saber por que isso aconteceu." Portanto, posso fazer perguntas. Tenho ideias. Acho que minha saúde mental não estava onde precisava estar, prejudicando minha energia e meus treinos físicos. Meu condicionamento físico não estava onde deveria estar, portanto preciso melhorar meu treinamento, tanto mental quanto físico, este ano.

Com esse conhecimento, agora posso usar meus aprendizados para criar novos planos. Posso utilizar a sexta etapa da implementação com as análises preditiva e prescritiva. Posso criar algumas metas e previsões de treinamento para cada mês que antecede a corrida. Posso usar a "análise prescritiva", que pode não vir de uma máquina, mas de uma fonte externa, como minha esposa, que me ajuda a ficar em dia com meu treinamento, ou um plano de treinamento online que foi criado com conhecimento e experiência. Agora, esse não é um plano de aprendizado de máquina, que talvez eu possa usar para criar um treinamento para mim — isso seria divertido —, mas posso usar coisas externas para me ajudar a conduzir meu plano.

A partir de todo esse trabalho, posso me preparar e treinar para a corrida, repetindo-o à medida que for avançando, e espero progredir por meio de um plano que me permita ser bem-sucedido.

EXEMPLO COMERCIAL

Para nosso exemplo de negócios, analisaremos a criação de uma campanha de marketing. Para começar, as etapas 1 e 2, conscientização e compreensão, podem ser criadas com a análise descritiva. Você pode utilizar a análise descritiva para entender dados demográficos, padrões de gastos ou o desempenho de outras campanhas. Você está reunindo o conhecimento e a compreensão do que está acontecendo.

Uma vez que tenha consciência e compreensão, poderá se aprofundar e encontrar algumas análises diagnósticas. Isso é especialmente verdadeiro se você estiver analisando campanhas de marketing anteriores. Como a análise diagnóstica pode ajudar aqui? Se estiver entendendo "por que" as coisas estão acontecendo com a análise descritiva, poderá criar campanhas de marketing melhores. Como pode se tornar bom em análise diagnóstica? Você deve usar as etapas 4 e 5. Ao questionar e aprender, descobrirá por que as coisas estão acontecendo.

Com o conhecimento do "o que" e do "por que" por meio das análises descritiva e diagnóstica, podemos avançar para a análise preditiva. Queremos desenvolver as previsões para a campanha. Também podemos utilizar a análise prescritiva, se tivermos tecnologia para isso.

Finalmente, depois de tudo isso ter sido feito, precisamos ir para a etapa 6: implementação. Basta colocar a campanha em ação. Você pode fazer isso. Em seguida, utilizando suas habilidades, avalie-a, entenda como a campanha se saiu e repita-a. Você pode fazer isso!

RESUMO DO CAPÍTULO

Mas não se trata apenas de corridas, trata-se de você! O que VOCÊ pode fazer para usar as seis etapas e os quatro níveis de análise para tomar decisões melhores em sua vida? O que VOCÊ pode fazer para usar as seis etapas e os quatro níveis de análise para tomar decisões melhores em seu trabalho? Mas isso não se refere apenas a VOCÊ. Trata-se também das organizações. O que as organizações podem fazer para utilizar as seis etapas e os quatro níveis de análise?

Alguns podem pensar que este é um livro de negócios e não gostar dos exemplos pessoais, e isso é absolutamente maravilhoso. Incluo exemplos pessoais e adoro fazê-lo. Os exemplos pessoais tornam as coisas mais reais, como pensar no médico e nos quatro níveis de análise, ou em mim e em minha corrida. Espero que esses exemplos despertem em você a vontade de conduzir a análise por conta própria. O que eu o incentivo a fazer é anotar tudo e escrever em um diário. À medida que as ideias surgirem, escreva-as e depois disseque-as por meio da análise. Que coisa maravilhosa isso pode ser! Use este livro como seu guia para conduzir um melhor trabalho analítico.

Não posso acreditar que estamos aqui. Espero que vocês tenham gostado deste livro. Não quero que você memorize tudo, não. Espero que ele tenha despertado alguma curiosidade e o desejo de aprimorar suas habilidades nos quatro níveis de análise. Use este livro juntamente com meus outros dois livros, *Be Data Literate* e *Be Data Driven* [ambos sem publicação no Brasil], para aprimorar sua jornada de dados e análise. Não os escrevi de um ângulo puramente técnico. Não os escrevi para lhe ensinar estatística ou programação. Há muitos livros desse tipo por aí. Espero que eles estimulem sua jornada! Agora vamos concluir com um capítulo de resumo.

DEFINIÇÕES E CONCLUSÕES DO CAPÍTULO

- **Minhas seis etapas da progressão analítica:** estas são as seis etapas para o trabalho analítico. Agora você pode estar em uma etapa e outros em uma diferente, e está tudo bem. As seis etapas são:
    - Conscientização
    - Compreensão
    - Avaliação
    - Questionamento
    - Aprendizagem
    - Implementação
- **Conscientização:** você está ciente dos dados e da análise, mas é novo e não tem muita certeza. Tudo bem, você está na fase inicial e pode progredir.
- **Compreensão:** agora você já foi além da conscientização e entende os quatro níveis de análise, mas ainda está nos estágios iniciais. Você pode ter algum entendimento, mas isso não significa que esteja confortável trabalhando com os quatro níveis de análise.
- **Avaliação:** esse tem duas vertentes. Primeiro, com a alfabetização de dados, estamos avaliando nosso nível de habilidade ou o nível de habilidade da organização, e isso é ótimo. Segundo, estamos avaliando onde estamos na jornada analítica. Estamos avaliando as coisas, e isso leva ao questionamento, a próxima etapa.
- **Questionamento:** precisamos nos tornar bons em fazer perguntas, então o faça. Não tenha medo de perguntar! As crianças são ótimos exemplos de como fazer perguntas. Elas simplesmente fazem isso e nós também podemos fazer, portanto comece a perguntar.
- **Aprendizagem:** há também dois lados nessa moeda. Primeiro, estamos aprendendo a melhorar nossa alfabetização de dados e, segundo, estamos aprendendo o que está acontecendo e aprendendo ao longo dos quatro níveis de análise.
- **Implementação:** estamos implementando nossa nova aprendizagem, mesmo que sejamos nós que estamos aprendendo. Que aprendizado precisamos fazer para melhorar nossas habilidades nos quatro níveis de análise? Além disso, estamos implementando nossas aprendizagens nos quatro níveis de análise.

Conclusão

Para concluir, facilitarei sua vida e criarei uma versão resumida do livro. Dessa forma, você pode recorrer a esse capítulo para se atualizar, em vez de ler tudo novamente. Nem sempre é necessário reler um livro inteiro para se atualizar em algo. Se você decidir reler o livro, ótimo. Espero que, a cada vez que o fizer, você aprenda algo novo. Não se esqueça de fazer anotações todas as vezes (escrever um diário é algo importante para mim). Não escreverei apenas resumos dos capítulos; você pode voltar e revisar o livro como quiser. Em vez disso, vou dividi-lo em seções ou tópicos. Espero que isso lhe sirva de referência e de aprendizado. Em seguida, você poderá voltar aos capítulos ou às áreas do livro que tratam desses tópicos e aprofundá-los por conta própria. Espero que aproveite sua jornada nerd, pois os nerds são incríveis e fantásticos. Você deve se orgulhar de ser um deles.

IDA AO MÉDICO

Para começar, voltaremos ao exemplo do médico, para ajudar a refrescar nossa memória sobre os quatro níveis de análise e como eles funcionam. Lembre-se, você está doente. Qual é o processo pelo qual um médico pode passar para ajudá-lo a melhorar? Ele pode descrever sua doença ou você pode descrever seus sintomas (análise descritiva). Em seguida, o médico "diagnostica" você (análise diagnóstica). Com a compreensão de "por que" você está doente, o médico pode fazer previsões de como melhorar (análise preditiva). Em seguida, o médico pode prescrever medicamentos para você (análise prescritiva). Agora, lembre-se de que os médicos nem sempre acertam, e nem os dados e a análise. Portanto, precisamos de uma mentalidade iterativa para ter sucesso.

MENTALIDADE ITERATIVA

O que exatamente é uma mentalidade iterativa? Uma mentalidade iterativa sabe que os dados e a análise não são perfeitos, não são o pote de ouro no fim do arco-íris. Os dados e a análise devem nos guiar na jornada até esse pote de ouro. O que precisamos fazer é entender que eles nem sempre acertarão. A análise preditiva pode estar totalmente errada. Isso não tem problema. Pelo contrário, aprendemos com isso e continuamos a jornada dos quatro níveis de análise repetidamente. Falhe com frequência e aprenda com isso, mantenha a jornada em andamento.

O TRIDATA

O tridata consiste em três elementos: solução de problemas, tomada de decisão e execução baseadas em dados. Lembre-se de que não perseguimos o objeto brilhante e reluzente. Em vez disso, utilizamos dados e análise para nos ajudar a alcançar resultados e metas comerciais. É para isso que devemos usá-los — eles são ferramentas. Portanto, utilizamos as análises descritiva, diagnóstica, preditiva e prescritiva para nos conduzir ou nos ajudar na solução de problemas, na tomada de decisão e na execução. Lembre-se, não podemos nos esquecer de aplicar as coisas.

OS QUATRO NÍVEIS DE ANÁLISE — UM POR UM

ANÁLISE DESCRITIVA

A análise descritiva é o "o que" da análise. O que está acontecendo, o que pode estar acontecendo — é uma descrição das coisas. No meu caso, posso olhar para a minha corrida Speedgoat e encontrar uma análise que me diz que perdi mais de 10 litros de suor durante a corrida. Essa é uma análise descritiva. Posso utilizar isso para me ajudar e me impulsionar a entender por que tive tanta dificuldade na corrida.

Uma análise descritiva são as taxas de inadimplência e de amortização. Uma análise descritiva é o desempenho de uma campanha de marketing. Lembre-se, uma análise descritiva não é um "por que", mas um "o que". O segundo nível é o nível do "por que".

ANÁLISE DIAGNÓSTICA

A análise diagnóstica é o nível mais importante da análise, na minha opinião. A realidade é que podemos entender o que está acontecendo, e isso é ótimo. Mas, se não entendermos por que isso está acontecendo, como poderemos criar previsões sólidas? Como podemos tomar decisões melhores baseadas em dados? Temos que ser inteligentes nesse aspecto. Precisamos saber o porquê. Utilize a análise diagnóstica para determinar ideias sobre o porquê. Agora, não fique preso na paralisia da análise ou da perfeição, não. Em vez disso, precisamos ter ideias sobre "por que" as coisas ocorreram e nos lembrar de que a correlação não significa necessariamente causalidade. Em vez disso, podemos ser inteligentes em relação às coisas, obter respostas, iterar e continuar em nosso progresso.

ANÁLISE PREDITIVA

O terceiro nível de análise, que deve ser criado depois de sabermos por que as coisas estão ocorrendo, é a análise preditiva. Criamos previsões para ver o que pode acontecer. Com uma boa compreensão do que aconteceu (análise descritiva) e por que aconteceu (análise diagnóstica), estamos em posição de criar previsões para nos ajudar a entender o futuro possível. Então, o que fazemos? Nós repetimos e avançamos. Criamos novas análises descritivas depois de analisarmos a previsão, entendemos por que ela ocorreu depois da previsão e, em seguida, criamos novas previsões. Essa é a abordagem holística dos dados e da análise.

ANÁLISE PRESCRITIVA

Ok, vamos deixar que as máquinas assumam o controle. Não, não, não, o elemento humano tem um lugar absolutamente crucial na mesa de dados e análise. Todos vocês, sim, todos vocês e todas as pessoas com quem trabalham têm um lugar na mesa de dados e análise. A análise prescritiva é outra ferramenta em nosso cinturão de ferramentas para o sucesso. Permitimos que as máquinas aprendam e nos forneçam análises, dizendo-nos o que fazer. Isso é bom — então podemos iterar e seguir em frente, podemos avançar usando todos os quatro níveis para tomar decisões.

O PROPÓSITO DOS DADOS E DA ANÁLISE

Qual é o objetivo dos dados e da análise? Ajudar-nos a tomar melhores decisões e a atingir nossas metas pessoais, ou ajudar as organizações a atingir suas metas. E aí está, fim da história. Não se deixe intimidar pelos dados e pela análise; utilize ou aprimore sua alfabetização de dados e use essas coisas como ferramentas de capacitação em sua vida. Se você faz parte de uma organização, utilize-os para atingir os objetivos dela. Se você for uma organização, faça isso direito. Não compre o objeto brilhante e reluzente. Em vez disso, invista adequadamente, contrate as pessoas certas, tenha a cultura certa e faça isso da maneira correta, eliminando o passivo de dados e análise. Fazer isso da maneira correta pode render imensos dividendos!

JUNTANDO TUDO ISSO EM SEUS NEGÓCIOS E EM SUA VIDA PESSOAL — PRINCIPAIS CONCLUSÕES

Ao encerrarmos o livro, deixe-me fornecer uma lista de lições importantes que podem capacitá-lo em sua vida pessoal. Espero que você tenha gostado, mas não se trata apenas de gostar do livro — quero que você termine-o com algumas coisas que pode fazer. Aqui está uma lista:

- Por que compartilho exemplos? Bem, uma coisa importante que quero que tire dos exemplos, sejam eles pessoais ou em sua vida profissional, são ideias. Ideias sobre o que pode fazer. Pergunte a si mesmo: "Tenho exemplos como esse em minha vida e posso aplicar os quatro níveis de análise a esses exemplos?"
- Pense de forma analítica. Uma coisa que quero que você faça em sua vida é pensar de forma mais analítica. O que quero dizer com isso? Quero que questione as coisas. Questione as coisas, dê uma volta e mergulhe mais fundo nelas. Isso significa que você precisa fazer análises avançadas das coisas? Não, é claro que não! Mas isso pode significar que você descobrirá mais "o que" e o "por que".
- Mentalidade. Falei muito sobre mentalidade. Quero que você tenha a mentalidade certa e iterativa em sua vida. Às vezes as coisas não acontecem da maneira que gostaria, mas isso as torna ruins? Não! Assim como nosso médico que diagnostica doenças e enfermidades nem sempre acerta, você também não acertará em sua vida. Aprenda e se desenvolva dentro dela. Aproveite a oportunidade para aprender mais "o ques" e mais "por ques".
- Ferramentas e tecnologias. Agora, a alfabetização e a análise de dados têm tudo a ver com ferramentas e tecnologias? Não, não têm! Mas as ferramentas e as tecnologias são poderosas em sua vida e o são nos dados e na análise. Portanto, saia e veja se você pode desenvolver algumas habilidades em ferramentas e tecnologias.

Agora aposto que você tem exemplos, ferramentas, tecnologias e coisas em sua vida que nem sabia que poderiam ser aplicadas a dados e análise. Você tem! Não subestime suas habilidades e capacidades. Você é alfabetizado em dados? É claro que sim! Você sabe fazer análises? Sim, todo mundo sabe! De um livro maravilhoso de Category Pirates chamado *Snow Leopard*, uma das principais conclusões que eu tenho é que você deve escrever um livro voltado para a pessoa, ajudando-a a entender como isso se aplica a ela, como ela pode crescer com isso.[1] Bem, espero que você tenha encontrado maneiras de se desenvolver e crescer pessoalmente com este livro. Cada um de vocês tem um lugar na mesa de dados e análise. Estão prontos para o banquete? Vamos fazer isso!

NOTAS

[1] Category Pirates (2022) *Snow Leopard: How legendary writers create a category of one*, https://www.categorypirates.com/store/snow-leopard-how-legendarywriters-create-a-category-of-one (arquivado em https://perma.cc/UB4N-Z62H).

Índice

Este livro foi impresso nas oficinas gráficas da Editora Vozes Ltda.,
Rua Frei Luís, 100 – Petrópolis, RJ.